한번도
경험해보지
못한 법카

이재명 부부 법인카드 미스터리를 풀다

한번도 경험해보지 못한 법카

경기도청 7급 **공무원**

공익 제보자 **A씨**

조명현 지음

천년의상상

지은이의 말

저는 '공익제보자 A씨'라는 가명으로, 이재명 더불어민주당 대표와 그의 부인 김혜경씨의 사적인 용무를 공무원이 마치 개인 비서처럼 맡아서 해왔던 일을 세상에 알렸습니다.

지금부터 당당하게 제 이름을 밝히겠습니다. 전前 경기도청 7급 공무원 조명현입니다. 제가 제보한 녹취 파일을 들어보신 분들이라면 '참 어처구니없다'고 느끼셨을 겁니다. 그런 일이 실제로 일어났고, 언론에 의해 공개됐습니다. 이후에는 이재명 김혜경이 자신들의 개인 용도로 경기도의 법인카드를 유용한 사실까지 알렸습니다.

이 모든 것은 2022년 1월 28일 SBS가 이재명 김혜경 개인 비서 역할을 했던 공익제보자 A씨, 경기도 7급 공무원, 나 조명현

의 제보를 보도하면서 시작됐습니다. 공식적으로 저는 피해자
는 아닙니다. 공익제보자입니다. 하지만 제가 이재명 김혜경, 그
리고 수행 비서 배소현에게 당한 끔찍한 갑질을 보면 피해자라
고 불리기에 손색이 없긴 합니다.

*

행정안전부는 지방자치단체 단체장의 배우자를 공무원이 수
행하게 하거나 의전 지원하는 것을 금하고 있습니다. 물론 단체
장의 배우자를 지원하는 전담 인력을 배치하는 것도 금지하고
있습니다.

이게 당연한 얘기인 것이, 무슨 왕실도 아니고 고위 공무원 가
족이 잔심부름을 시키고 부려 먹을 '몸종'을 고용해 국가 세금으
로 월급을 줄 이유가 전혀 없습니다. 그런데 경기도 7급 공무원
조명현은 하루 일과 90% 이상을 이재명 김혜경의 심부름을 하
는 데 써야 했습니다.

제가 공개한 텔레그램 대화 내용, 통화 녹음 등은 '저의 말'이
'사실'이고, '저의 말'이 '정직'임을 여지없이 증명하고 있습니다.
사실과 정직, 이것이 '정의'의 토대입니다. 김혜경이 타고 있는

차 앞을 지나가는 것도 못할 정도라면 그 갑질이 얼마나 심했을지 능히 짐작 가실 겁니다. 더 큰 문제는 경기도의 법인카드를 누가 봐도 개인적인 용도로 사용했다는 겁니다.

"고깃집에 가서 소고기를 사다가 자택으로 배달해라.", "김혜경이 초밥을 먹고 싶다고 했다, 초밥을 사 와라." 이런 식의 지시를 받아 음식, 반찬거리 등을 이재명 지사 자택으로 배달했습니다. 일단 개인카드로 긁었다가 나중에 가서 취소하고, 다시 경기도 법인카드로 결제하는 방식으로 국민이 낸 세금을 사적인 용도로 유용했습니다.

✳ ✳

제가 제보를 할 만한 일이지 않습니까. 공무원을 단체장과 그의 배우자의 개인 수행원으로 부리는 것이 금지되어 있는 것처럼, 지자체 법인카드 사용에도 제한이 있습니다. 업무 영역에서 사용해야 하고 사용 일시, 사용 시간에도 역시 제한이 있습니다. 당연히 공적 업무에만 사용해야 하는 것입니다.

회사에서 법인카드를 사용해보신 분들은 아실 겁니다. 주말에 긁었다거나 업무 범위를 벗어나서 긁으면 문제가 됩니다. 그리고 소명을 못하면 비용을 반납하고 징계를 받습니다. 그런 법인카드를 개인 용도로 쓰기 위해 날짜를 조작하려고 결제했다가, 취소했다를 반복하고…….

7급 공무원 조명현은 하루 일과 90% 이상을 이재명 김혜경 수발을 들었습니다. 사실상 다른 업무는 거의 없었습니다. 이런 온갖 비리들이 경기도 최고 수장 이재명 지사가 '오케이' 하지 않고서야 어떻게 가능하다는 말입니까?

경기도 7급 공무원 한 명을 5급 공무원 배소현이 마음대로 빼내 이재명과 김혜경을 위해 부려 먹었는데, 그것을 이재명과 김혜경은 몰랐고 경기도도 몰랐다? 말이 안 되는 거 아닙니까. 이것이 배씨가 개인적으로 과잉 충성을 하느라 시킨 일이라는 게 말이 되는 주장입니까. 어림없습니다. 말이 안 됩니다.

이 글 앞에서 "공식적으로 저는 피해자는 아닙니다. 공익제보자입니다. 하지만 제가 이재명 김혜경, 그리고 수행 비서 배소현에게 당한 끔찍한 갑질을 보면 피해자라고 불리기에 손색이 없긴 합니다"라고 말했습니다.

그런데, 사실은 우리 모두가 피해자입니다. 세금을 내서 이재명과 김혜경 그리고 그의 가족 수발 드는 사람의 월급을 대고, 이재명의 일제 샴푸와 모닝 샌드위치 세트 그리고 김혜경이 먹

은 초밥과 소고기 그 외 개인적인 사용에 값을 치른 우리 모두가
피해자입니다.

2023년 11월

조명현

차례

1장

경기도청 7급 공무원의
슬기로운 하루

No.6410000-006593

소속	경 기 도
직위/직급	주 무 관
성명	조 명 현
생년월일	

2021. 3. 15.

경 기 도 지 세 도

☎ 031)8008-4030

01

출근부터 퇴근까지,
A씨의 일상

 내가 살던 경기도 광주 집에서 경기도청이 있는 수원까지는 대중교통으로 2시간 걸린다. 아침 7시에 집을 나선다. 경기도청 7급 공무원 나, 조명현의 하루는 이렇게 시작된다. 오전 8시 50분경 출근 완료. 먼저 차량관리소에 가서 전기차 배차받고, 경기도청 3층 정책자문단실에 있는 나의 책상에 앉는다. 그러고 나서 5급 배소현에게 출근 보고하고 대기한다.

 오전 10시 30분경 이재명 경기도지사 공관(굿모닝하우스)에 넣을 샌드위치를 픽업하고, 과일가게에 가서 역시 굿모닝하우스에 넣을 과일도 픽업, 굿모닝하우스로 이동한다. 도착하면 공관 2층 냉장고에 샌드위치 및 과일을 채워두고, 이재명 지사 옷장에 속옷과 러닝셔츠, 와이셔츠 채워놓는 일을 한다.

이런 일을 7급 공무원의 업무라고 표현하기가 민망하기만 하다. 그래도 나는 이런 일을 했다. 그게 사실이다. 과일 배치 사진, 샌드위치 배치 사진을 일일이 찍어 배소현에게 보고하고 확인받았다. '이렇게 해라, 저렇게 해라' 알려주지 않아서 배씨에게 이 일에 대해 질문했었다.

돌아오는 답변은 늘 "알아서 센스 있게 못 하냐?", "물어보지 마라." 신경질적인 반응이었다. 질문 자체를 귀찮아하는 것 같았다. 배씨에게는 질문 없이 잘 알아서 움직이는 로봇이 필요한 게 아닌가 하는 생각이 들 정도다.

굿모닝하우스의 7급 공무원 업무는 계속 이어진다. 이재명 경기도지사가 입었던 와이셔츠를 공관에서 가지고 나와, 자동차로 20분 거리에 있는 세탁소로 이동해 맡긴다. 옷을 맡길 때 사용하는 이름은 이재명이 아니라 가명이었다. 세탁소에서 외상 거래 후 나중에 법인카드로 결제하기 위해서였다.

세탁된 와이셔츠를 다시 공관으로 가져와 이재명 지사 옷장에 걸어 둔다. 이재명 지사의 셔츠 파란색 하나, 흰색 하나를 옷장에 잘 걸어 놓아야 한다. 와이셔츠는 주머니가 없어야 했다. 또한 여분의 셔츠를 굿모닝하우스에 김혜경씨가 왔을 때 사용하는 방(이재명 지사 침실 옆방) 옷장에 걸어 두어야 한다. 나는 이 모든 과정, 즉 셔츠를 걸어 놓은 이재명 지사 옷장 사진, 김혜경 씨가 사용하는 옷장에 건 셔츠 사진을 하나하나 찍어서 배소현에게 보고했다.

이런 일들을 마칠 때쯤, 어김없이 배소현에게서 다음 임무가 하달된다. 과일가게에서 수내동 이재명 자택으로 올라갈 과일을 받아오라 한다. 그리고 과일가게 부근에서 수내동 자택으로 올라갈 각종 음식도 알아보라고 지시한다. 또한 배소현이 미리 주문한 음식을 픽업하라고 명령한다. 여기에는 이재명 지사가 아침에 공관에서 먹을 샌드위치도 포함된다. 그리고 역시나 수내동 자택으로 올리는 샌드위치를 따로 픽업해서 배달하는 귀중한 업무가 추가된다.

과일, 샌드위치, 음식 주문 그리고 픽업. 굿모닝하우스 샌드위치 교체, 와이셔츠 세탁 의뢰 및 교체, 다과 및 식음료 채우기 등의 일은 내가 매일매일 수행해야 했던 중요 업무이다. 그 이외에도 배소현의 지시에 의해 이루어지는 단발성 업무도 상당히 많았다.

← 배 소현
최근에 접속함

⋮

오후 9:43 ✓✓

7월 20일

오전에 세탁소 과일가게 들르고 지사님 나가시면
잠옷 세탁해놓겠습니다

오전 9:12 ✓✓

ㅇ 오전 9:26

지사님 오전약 안드시고 샌드위치 한개 사과한개
드셔서 비서실에 전달했습니다 차와 약드리기로
했습니다

오전 9:28 ✓✓

ㅇㅋ 오전 9:29

약서랍에 클라리틴은 없고 지사님 잠옷 세탁하고
있습니다

오전 9:37 ✓✓

오후에 약 오면 　　　 비서가 연락주기로했습니다

오전 9:38 ✓✓

메시지

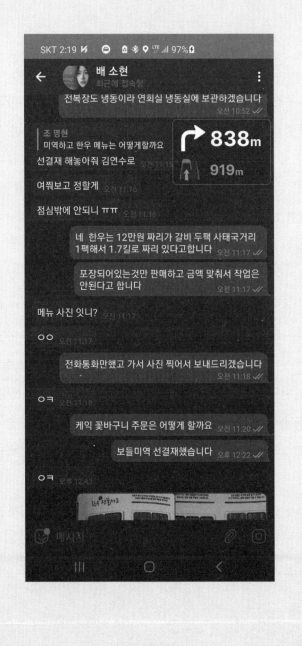

SKT 2:19

배 소현
최근에 접속함

전복장도 냉동이라 연회실 냉동실에 보관하겠습니다
오전 10:52

조 명현
미역하고 한우 메뉴는 어떻게할까요

선결재 해놓아줘 김연수로
오전 11:16

여쭤보고 정할게 오전 11:16

점심밖에 안되니 ㅠㅠ 오전 11:16

네 한우는 12만원 짜리가 갈비 두팩 사태국거리 1팩해서 1.7킬로 짜리 있다고합니다 오전 11:17

포장되어있는것만 판매하고 금액 맞춰서 작업은 안된다고 합니다 오전 11:17

메뉴 사진 잇니? 오전 11:17

ㅇㅇ 오전 11:17

전화통화만했고 가서 사진 찍어서 보내드리겠습니다 오전 11:18

ㅇㅋ 오전 11:18

케익 꽃바구니 주문은 어떻게 할까요 오전 11:20

보들미역 선결재했습니다 오후 12:22

ㅇㅋ 오후 12:43

메시지

*

공무원 입사 초기에는 비서 업무 중 이런 일도 있나? 하고 갸우뚱했었다. 하지만 '내가 늦게 들어온 막내 비서여서 이런 업무부터 시작하는구나. 시간이 지나면 일반적인 비서 업무를 하게 될 거야' 하는 정신승리 같은 생각을 하면서 버텼다. "어떤 비서 업무를 하는 거야?" 물어보는 아내의 질문에는 부끄러워서 자세히 말할 수 없었다.

경기도 7급 공무원은 매일매일 이런 막중한 일을 했다. 이런 업무 외에 했던 일은 경기도지사실로 들어온 물품(타 지자체에서 보내온 특산품 등)을 비서실 정모 비서로부터 수령해, 수내동 이재명 경기도지사 자택으로 올리는 일, 자택 지하에 항상 주차되어 있던 관용차 제네시스의 주유 상태, 세차 상태, 운행 일지 관리 등을 주기적으로 해야 했다. 경기도 관용차가 이재명 지사 자택 지하주차장에 항상 있는 게 문제가 되는 일인지 그때는 몰랐다.

내가 근무하는 동안에 경기도 관용차 제네시스를 이재명 지사가 쓰는 일은 한 번도 없었다. 그 차는 김혜경씨가 이용하도록 수내동 지하주차장에 주차되어 있었다. 이재명 지사는 카니발을 주로 이용했으며, 간혹 굿모닝하우스에서 혼자 이동할 때 그랜저 차량을 이용했다.

7급인 나, 그리고 5급인 배소현이 맡은 업무는 김혜경씨의 잔심부름과 먹을거리, 굿모닝하우스 공관 정리 업무였다. 그때는 매 순간 집중하고 신경을 바짝 써서 해야만 하는 일이었다. 지금 생각하면…….

배소현은 김혜경씨의 기분에 따라 롤러코스터를 탄다. 김혜경씨가 배소현에게 시킨 일이 잘 수행되었을 때는 나를 대하는 태도, 말하는 어투가 부드러웠다. 그 반대의 경우는 달랐다. 내가 배소현의 '감정 쓰레기통'인가 하는 생각이 들었다.

배씨는 김혜경씨 수발드는 경기도 5급 공무원의 업무 스트레스를 거의 술로 풀었다. 음주운전하는 배소현을 수없이 보았다. 단속되지 않는 것이 신기할 정도였다. 오전에 마주치거나 배차해 온 관용차를 타고 함께 이동할 때면 몸에서 술 냄새가 심하게 나서 옆에 앉아 있기 힘들 정도였다.

더 고통스러웠던 것은 그녀의 흡연이었다. 비흡연자인 나에 대한 배려는 전혀 없었다. 배소현은 늘 관용차 안에서 담배를 피웠다. 관용차는 저녁 6시 업무 종료 시간에 맞춰 차량관리소에 반납해야 했는데, 일이 다 끝나지 않으면 어쩔 수 없이 내 차(아내의 차)를 이용해서 연장된 업무를 봐야 했다. 이때도 배소현은 아내의 차에서 스스럼없이 담배를 피웠다.

"아내 차인데, 담배 냄새를 힘들어합니다. 담배를 안 피우시면 안 되겠습니까?"

배소현은 얼굴을 바로 일그러트린다.

"뭐 어쩌라고?"

나는 경기도청 퇴사 후 지금까지 정신과 치료를 받고 있다. 배소현의 말할 수 없는 갑질도 그 하나의 원인이었다. 공무원 같지만 공무원 아닌 처지와 대우, 그리고 업무 같지 않은 일들로 나의 자존감은 천길 낭떠러지로 추락했다. 이 모든 일들이 꿈이었으면……. 지워버리고 도려내고 싶은 내 인생의 일부분이자 부끄러운 기억이다.

＊ ＊

이재명 경기도지사의 비서실에는 두 개의 팀, 그러니까 두 종류의 비서들이 있었다. 첫 번째는 정무와 정책을 조율하는 정무팀이다. 유명한 정진상, 김현지 등이라고 보면 된다. 두 번째는 이재명 지사의 수행을 전담하는 의전팀이다. 나는 비서실 의전팀이었다. 이 의전팀은 다시 '지사님팀'과 '사모님팀'으로 나뉜다.

'지사님팀'에는 수행비서 김모 비서와 채모 비서, 운전을 담당하는 백모 비서(이재명이 성남시장 시절 수행비서였던 백모씨 친동생)가 있었고, '사모님팀'은 나와 배소현이 맡았다. '사모님팀'이라는 명칭은 공식적인 이름은 아니다. 이재명 지사 의전팀에서 배소현과 나를 '사모님팀'이라고 호명해 그렇게 불렸다. '지사님팀'은 이재명 경기도지사의 일정 전반을 맡았고, 배씨와 나는 김혜경씨 수발을 전담했다.

이재명 지사와 연관된 일 중 김혜경씨에게 이야기해야 하는 가령 수내동 이재명 지사 자택에 있는 옷, 음식, 비품 관련된 일 같은 것들은 '지사님팀'에서 배소현을 통해 김혜경씨에게 전달해 처리했다.

이재명 지사의 와이셔츠는 수내동 자택에 파란색과 흰색이

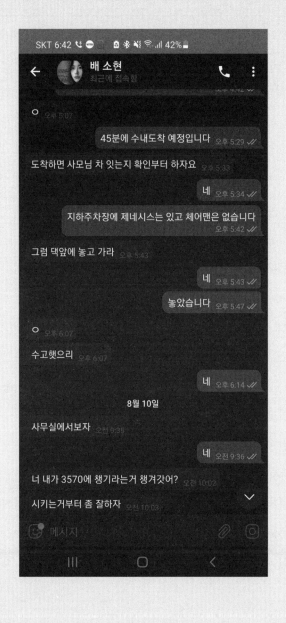

SKT 6:42

배 소현
최근에 접속함

오후 5:07

45분에 수내도착 예정입니다 오후 5:29

도착하면 사모님 차 잇는지 확인부터 하자요 오후 5:33

네 오후 5:34

지하주차장에 제네시스는 있고 체어맨은 없습니다
오후 5:42

그럼 댁앞에 놓고 가라 오후 5:43

네 오후 5:43

놓았습니다 오후 5:47

오후 6:07

수고햇으리 오후 6:07

네 오후 6:14

8월 10일

사무실에서보자 오전 9:35

네 오전 9:36

너 내가 3570에 챙기라는거 챙겨갓어? 오전 10:02

시키는거부터 좀 잘하자 오전 10:03

메시지

구비되어 있어야 하고, 굿모닝하우스에도 동일하거나 비슷하게 준비해두어야 한다. 또한 이재명 경기도지사가 타는 관용차 카니발 차량에도 와이셔츠 여유분이 있어야 한다. '지사님팀'에서 셔츠가 필요한 경우 배소현에게 연락한다. 배씨는 나에게 전화해 공관의 와이셔츠 상태를 확인하게 하거나, 세탁소에 가서 세탁을 의뢰하게 한다. 혹은 수내동 자택에서 와이셔츠를 가지고 와야 하는 상황이 발생하면, 배씨가 직접 김혜경씨에게 연락해 옷을 문밖 소화전에 걸어달라고 요청하거나, 받으러 간다.

이렇듯 이재명 지사와 관련된 것들 중 수내동 자택에서 가져와야 하는 경우 가령 와이셔츠 같은 것들은 절대적으로 배씨만을 통해 그 관련 내용이 김혜경씨에게 전달되었다. 이재명의 일을 김혜경과 소통해 처리하는 비서 업무는 문제없으나 김혜경의 개인 업무, 개인 심부름, 개인 의전, 불법 법인카드 사용 등은 문제의 소지가 있는 것이다.

이런 식으로 이재명 경기도지사 비서실이 움직이고 있었기에, '지사님팀' 비서실에서는 배씨의 업무에 대해서는 '노터치', 관여하지 않았다. 배소현이 안 보이면 다들 으레 김혜경씨 일을 처리하고 있겠거니 생각했다. '지사님팀' 수행비서와 내가 간혹 마주칠 때가 있다. 주로 공관에서 마주친다. 그 비서는 "배소현은 도대체 어디서 무엇을 하느냐?"고 나한테 묻곤 했다. 배소현은 자신의 일정이나 동선을 다른 비서들뿐만 아니라 나에게도 일체 알려주지 않았다.

배소현은 이재명 김혜경 두 사람 모시는 일을 13년 넘게 하고 있었다. 이재명, 김혜경, 배소현. 나와 이 세 사람과의 악연은 어떻게 시작되었을까?

02

이재명 김혜경과의
첫 만남

2010년 6월 이재명이 성남시장에 당선되었다. 나는 그때 성남시 산하기관 성남문화재단에 재직 중이었다. 성남문화재단은 성남시에서 출연해 만든, 시 산하 문화재단으로 성남시장이 당연직 이사장이었다. 새로운 시장이 선출되자 재단 사람들이 바짝 긴장하기 시작했다. 새로운 이사장이 임명되면 재단 내 정책, 예산 등 기존의 모든 것을 바꾸고 뒤엎는다. 특히 인사, 재단의 요직이 물갈이될 가능성이 크다. 낙하산 인사로 재단의 중요한 자리가 바뀌기 마련이다.

성남문화재단을 설립한 이는 당시 한나라당 출신 고故 이대엽 시장이었다. 재단 내 색채가 한나라당에 우호적인 분위기였고, 어떤 식으로든 한나라당과 연관 있는 사람들이 내부에 많았던 터라 나를 포함한 직원들 모두 염려하고 걱정하는 분위기였다.

　나는 성남문화재단에서 공연 기획과 진행, 안내 직원 관리, VIP (공연, 행사) 의전 등을 총괄하는 업무를 맡고 있었다. 내가 근무하는 곳은 공연을 주로 하는 곳이었지만, 성남시 산하재단이기 때문에 시에서 주최하는 행사(시장 이취임식, 시민의 날 행사 등)도 진행하는 복합공간이었다.

　새로운 시장의 취임으로 다들 긴장했다. 나는 시장의 이취임식 때, 안내 및 의전을 직접 수행해야 해서 부담감이 남달랐다. 당시 이취임식 행사 관련해서 사전 미팅에 나온 성남시 공무원들도 부담스럽기는 마찬가지였다.

　나는 성남시장 이취임식 때 이재명 시장과 김혜경씨를 처음 대면했다. 그후로도 재단에서 시가 주최하는 행사가 있을 때면 이재명과 김혜경을 수행했다. 의전에 실수하지 않으려 엄청나게 집중했다. 몸과 마음을 갈아 넣는 시간이었다. 새로 부임하는 시장과 시장 부인을 의전하고 처음부터 끝까지 에스코트해야 했던 나는 당시 살얼음 위를 걷는 기분이었다. 내가 실수하면 회사에 직접적으로 그 여파가 미칠 게 염려되어서였다.

　이재명 시장이나 김혜경의 재단 방문 일정이 잡힐 때면 행사 순서, 이동 동선 등 모든 것을 체크하며 일거수일투족을 세세하게 챙겨야 했다. 또한 나는 시장과 그의 부인을 공연장에 도착하는 순간부터 행사가 끝나고 차를 타고 나가는 순간까지 흐트러짐 없이 꼼꼼하게 하나하나 챙겼다.

성남시 각 과에서 진행하는 행사의 경우, 처음에는 해당 과 담당자와 진행, 의전, 동선을 함께 조율했다. 그리고 시장 비서실과 조율한 일정은 담당자를 통해 전달받곤 했다. 이후 행사가 점점 많아지고 수행비서들과 친숙해지면서, 나에게 직접 일정을 알려주는 경우가 늘어나기 시작했다.

*

이재명 성남시장 수행 비서진이 나를 호의적으로 바라보게 된 사건이 있었다. 어느 날, 이재명 시장이 민주당 국회의원들과 함께 공연 관람하는 이벤트를 열었다. 수행 비서진에게 중요한 정보를 들었다. 당내에서 서로 껄끄러워하는 사이의 국회의원 두 명이 온다고 했다. 이재명 시장은 둘이 마주치지 않게 하려고 주말 2회 공연을 기획했고, 두 의원을 초청해서 1회차 공연과 2회차 공연으로 나누어서 관람하는 일정을 잡은 것이다.

시장 비서실에서는 1회차 공연이 끝난 후 A의원이 퇴장하고,

그 사이 B의원이 도착해서 동선이 겹치지 않도록 계획했다. 하지만 변수가 발생했다. 1회차 공연 종료 후 A의원이 갑자기 예정에 없던 VIP실 방문을 한 것이다. 그곳에서 이재명 시장과 차담을 시작했다. 그렇게 되면 B의원과 마주칠 가능성이 높아진다. 시장 비서진들이 당황해 어쩔 줄 몰라 하는 찰라, 내가 나섰다. 나는 순간적으로 2회차 공연 관람하러 진입하는 B의원 차량을 지하주차장으로 보내고, 곧장 주차장으로 달려갔다. 그리고 직접 B의원의 동선을 가이드했다. 이재명 시장과의 차담을 마치고 A의원이 나가는 시간을 벌 수 있었다. 결국 두 국회의원은 마주치지 않았다. 이 일로 당시 이재명 시장의 수행비서였던 백모씨의 호감을 얻게 되었다. 이후 그는 나를 "명현아~"라고 부르며 친근하게 대했다.

김혜경씨는 이재명 시장 취임 후 성남시 간부 부인 모임 등 여러 행사를 성남문화재단 공연장과 미술관 그리고 VIP실에서 자주 열었다. 나는 그때마다 김혜경씨를 수행하고 있는 공무원 배소현과 연락을 주고받으며 행사 시간과 일정을 조율했고, 공연장 안의 레스토랑 예약 그리고 동선 안내와 마무리 등을 직접 맡아서 했다.

시장 비서진들은 시청 안과 밖에서 직접 의전을 맡아 진행해야 해서 부담스럽고 힘들어했다. 하지만 성남문화재단에서는 달랐다. 내가 직접 의전을 맡아 진행했고 행사의 마무리까지 도 맡아했기에, 비서진들은 나에게 점차 좋은 감정을 갖게 되었다.

이재명 시장과 김혜경씨가 성남문화재단 공연장에 오면 VIP 실로 안내해서 차와 다과를 내어주는 업무부터 동선 안내, 무대 뒤 대기실에서 출연자를 만나는 일 등 재단 내에서 이재명 시장 과 김혜경씨의 모든 안내와 의전을 맡아서 했다. 당일 행사 브리 핑, 공연의 개요 설명 등도 직접 대면해서 하기도 했다. 그래서 인지 종종 이재명 시장과 김혜경씨가 나에게 개인적인 질문을 하기도 했다.

이재명 입사한 지 얼마나 됐어요?

조명현 2005년에 입사했습니다.

이재명 초장기 멤버네요.

조명현 네, 개관 멤버입니다.

김혜경 가족(관계)은 어떻게 되세요?

조명현 홀어머니와 형이 있습니다

김혜경 결혼은 했어요?

조명현 아직 못했습니다.

김혜경 왜 아직 안 했어요?

조명현 계약직이어서 자리를 못 잡은 상태입니다, 결혼은 아
　　　　직 무리인 거 같습니다.

이재명 왜 아직 계약직이에요?

조명현 (그냥 웃었다)

　나는 어느새 성남문화재단 몇몇 간부들(이재명 시장 측근)을 제
외하고는 이재명 시장과 김혜경씨 그리고 비서진들과 제일 많
이 소통하는 직원이 되었다. 재단에서도 이재명 시장과 김혜경
씨 관련 행사 및 공연 관람, VIP실 운영에 대해서는 전적으로 나
에게 일임했다.

　김혜경씨는 운전을 담당하는 공무원 한 명, 배소현 등 세 명이
함께 움직였다. 그리고 비공식적으로 VIP실을 자주 이용했다.
배씨가 나에게 했던 기억나는 말이 있다.

　"사모님(김혜경)이 다른 곳 가면 나만 따라다니는데, 여기만 오
면 명현씨만 따라다녀."

　이 이야기를 내게 하면서 배씨는 무척 신기해했다.

김혜경씨가 VIP실에 올 때는 행사 시간보다 조금 일찍 오는 경우가 종종 있었다. 김혜경씨 옆에는 배소현이 항상 있었다. 배씨가 간혹 자리를 비울 때는 나와 김혜경씨 둘만 있기도 했다. 그럴 때면 내가 직접 차를 대접했다. 그러면서 김혜경과의 인연 역시 조금씩 쌓여갔다. 또한 야외에서 재단 주최로 공연이나 행사가 있을 때, 회사의 지시로 외부 의전까지 내가 맡아서 하는 경우가 하나둘 늘어갔다.

공연 의전, 행사 의전을 책임 있게 진행하면서 이재명 시장과 김혜경씨, 그리고 비서진들에게 인정받게 되었다. 재단 내부에서는 내가 '이재명 시장과 친척이 아니냐'는 웃지 못할 이야기도 직원들 사이에 돌았던 것으로 기억한다.

VIP 의전은 뜨거운 감자다. 잘하면 본전, 못하면 독박이기 때문이다. 시장 비서진과의 친분과 인정(?)으로 VIP 의전을 나에게 전부 일임하는 분위기였다. 성남문화재단 총무팀에 의전 담당 직원이 있었으나, 보안을 철저히 지켜야 한다는 이유로 대부분의 일정 조정을 내가 해주기를 의전 담당 부서장과 직원, 나의 담당 부서장도 원하는 분위기였다.

처음에는 도착 마중, 동선 안내, 착석 안내, 쉬는 시간 동선 안내, 퇴장 안내 정도였으나, 시간이 지날수록 재단 내 모든 안내로

확장되었다. 미술관, 회의실 그리고 재단 내 입점 레스토랑 안내까지 재단 안에서는 내가 수행비서 역할을 모두 맡게 되었다.

당시 김혜경씨는 항상 관용차(체어맨)를 타고 왔다. 배소현이 함께 수행해 오는 것을 당연하게 여겼다. 시 관계 공무원, 재단 간부들까지도 어느 누구 하나 이것에 대해 의문을 달지 않았다. 나 역시 '시장 사모'(김혜경)에게 주어지는 의전이 당연한 것으로 생각했다.

그때도 배소현이 김혜경의 옷, 미용실 등 사소한 것까지 챙기는 것을 봤고, 그것이 의전의 일부라고 생각했다. 배씨는 늘 항상 김혜경의 기분, 눈치를 살폈다. 김혜경이 마음 상하지 않도록 노력하고 애쓰는 모습을 자주 봤다. 둘의 친분이 내 생각보다 오래되었을 뿐만 아니라 둘의 관계가 굉장히 친밀하다고 생각했다.

VIP 의전을 맡게 되면서 성남시 고위직 공무원들과도 안면을 트고 익히게 되었다. 2023년 3월 고인이 되신 전前 성남시장 비서실장 전형수님(이재명 경기도지사 초대 비서실장도 지냈다)과도 이즈음 알게 되었다. 그분이 고인이 되셨다는 소식을 접하고 안타까웠다. 그리고 나는 두려움과 공포로 한동안 마음을 잡기 어려웠다. 이재명 경기도지사와 관련해 다섯 명이나 되는 주변 인물들이 사망하기에 이르는데 전 실장님이 남겼던 유서가 떠올

랐기 때문이다.

"이제는 정치를 그만 내려놓으십시오. 현재 진행되는 검찰 수
사 관련 본인 책임을 다 알고 있지 않습니까? 대표님과 함께 일
하는 사람들의 희생이 더 이상 없어야지요. 저는 일만 열심히 했
을 뿐인데 수사 대상이 돼 억울합니다."

지금 현시점 가장 위험군에 속해 있는 사람, 두말할 필요 없이
나였기 때문이었다.

＊ ＊

이재명 성남시장 비서는 수행비서 백모씨와 운전을 담당하는
비서, 두 명이었다. 백씨가 택시 기사 폭행이라는 불미스러운 사
건으로 퇴사한 뒤에는 김모씨가 수행비서, 백씨의 친동생이 운
전비서였다. 김혜경씨와 같이 다니던 사람은 배소현, 운전 공무
원 한모씨였다.

배소현은 공식적으론 이재명 시장 비서였다. 하지만 그 당시
는 김혜경의 비서라고 생각했다. 그럴 만한 이유가 있었다. 이재

명 시장이 관용차량(카니발)으로 올 때는 수행비서 백씨(나중에는 김모씨)와 운전 담당 비서가 왔고, 김혜경씨가 관용차량(체어맨)으로 오는 경우는 배소현이 항상 수행해서 방문했기 때문이다. 시장 부부가 같이 올 때도 있었는데 카니발 차량을 이용하는 경우는 백씨가 선탑, 체어맨으로 오는 경우는 배씨가 선탑을 하고 왔다. 그래서 체어맨이 당연 김혜경씨 차량인 줄 알았다.

나는 배소현과 김혜경씨 관련 업무를 조율했다. 배소현은 이재명 시장의 일정에는 전혀 관여하지 않았던 것으로 기억한다. 배씨가 시장의 일정을 확인하는 경우는 김혜경씨에게 이재명 시장의 귀가 및 식사 여부를 알려주기 위해서였다.

배소현의 업무가 김혜경의 수행비서였던 것에 누구도 이의를 제기하거나 이상하게 여기지 않았던 것은 성남시장이 성남시와 산하기관 인사권을 가지고 있고, 각 기관장들이 이재명 시장의 측근들이었기 때문일 것이다.

성남문화재단의 경우도 임기제였던 대표이사(사장), 국장, 그리고 부장급 간부들뿐만 아니라 일개 직원들까지 승진이나 자리 유지를 위해 눈치를 볼 수밖에 없는 구조였다. 성남시장은 성남시에서는 절대 권력이었다.

성남문화재단의 의전을 전담하다 보니, 알게 모르게 직원들과의 관계가 조금씩 벌어졌다. 이재명 시장과 김혜경씨의 방문은 보안에 속해 방문 일정과 세부 내용을 재단 직원에게 알릴 수 없었다. 시장 비서실도 회사도 나에게 보안을 각별히 신경 써야 한다고 여러 번 당부했다.

그러다 보니 의전과 연관되지 않는 다른 파트 담당 직원들과 여러 차례 마찰이 일어났다. 동료 직원들과의 살가운 관계는 포기해야만 했다. 나만 알고 있어야 하는 이재명 시장과 김혜경씨의 방문 시간과 일정을 담당 직원들은 자신에게도 알려주기를 원했지만 그렇게 할 수 없었다. 동료들의 불만은 점점 더 커졌다.

상황이 이러하니, 이재명 시장과 김혜경씨를 의전하는 내 앞에서는 협조하는 분위기였으나, 뒤에서는 '뒷담화'하곤 했다. 당시 성남문화재단 국장은 내가 자리에 없을 때, 다른 직원에게 "조명현~ 많이 컸네, 좀 눌러줘야겠어"라는 말을 했다는 이야기를 전해 들었을 정도다. 회사에서 나에게 주어진 업무를 성실히 했을 뿐인데…… 몸과 마음이 힘들 때면 가끔 회사 부장님에게 고충을 이야기했지만, 늘 돌아오는 건 "참고 견디라"는 말뿐이었다.

내가 직장 생활 15년 하면서 가장 잘했던 건, 직장인이라면 누구나 그러하겠지만, '참고 견디고 버티는 일'이었다.

* * *

힘들게 버티던 성남문화재단에서의 나의 직장 생활은 2018년 6월 은수미 성남시장의 당선으로 막을 내렸다. 새로운 시장이 당선되자, 이재명 시장을 의전했던 나는 성남문화재단에서 역할과 입지가 확연히 줄어들었다. 그럼에도 참고 버티고 버티다 2020년 하반기에 15년 다니던 회사를 퇴직할 수밖에 없었다.

걱정이 많았다. 당시 약혼자였던 지금의 아내에게 뭐라 이야기할지 몰라 며칠을 망설였다. 눈치 빠른 아내는 무슨 일이 있으면 혼자 끙끙대고 고민하지 말고 솔직히 얘기했으면 좋겠다고 했다. 쉽게 입이 떨어지지 않았지만 나는 퇴사 사실을 얘기할 수밖에 없었다.

하지만 회사 내 움직임을 어느 정도 알고 있던 아내는 다른 질문은 하지 않은 채 "15년 동안 고생 많았다. 이참에 좀 쉬었다 재취업하든지 다른 일 알아보자"고 했다. 그렇게 6개월이 흘렀다. 이렇게 오랜 기간 쉬어본 적 없던 나는 쉬면서도 마음 불편한 나날을 보냈다. 그럴 때마다 아내는 늘 "괜찮다. 안식년이라 생각하고 안정 취하고 쉴 땐 편히 쉬라"고 했다. 하지만 나는 마음이 편할 수 없었다.

그런 와중에 배소현에게서 연락이 왔다. 집 근처 식당에서 만난 배씨는 나에게 경기도청 비서관 근무를 제안했다. 고민했다. 나는 공연 분야 일을 15년 넘게 했다. 성남문화재단에 다니면서도 그 분야에 관심이 많아서 대학원에 진학해, 문화예술 정책기획을 전공해 석사학위를 받았다. 그때까지 나는 문화예술 분야에서 한길만 걸어오면서 살았다.

'지금껏 해온 일을 뒤로하고 비서로 가도 되는 걸까?'

비서관 제안에 머릿속이 뒤숭숭했다. 하지만 결혼도 예정되어 있었고, 가족들에게 걱정을 끼칠 수 없었다. 아내는 비서라는 새 직업을 못마땅해했다. 하지만 더 이상 쉴 수 없었다. 아내를 긴 시간 설득했다. 결국 나는 이력서를 이메일로 보내라는 배소현의 요청에 응하고 말았다.

2021년 3월 초에 경기도청 총무과에서 연락이 왔다. 서류 준비해오라는 연락이었다. 급히 증명사진과 경력증명서 등 채용 서류를 챙겨 경기도청 총무과에 제출했다. 서류를 직접 제출한 뒤 배소현에게 연락했다. 나의 전화를 받은 배씨는 별로 관심이 없는 듯한 말투로 답했다.

"알았다~"

나는 그때까지만 해도 '바빠서 그랬겠지' 생각했다.

나는 2021년 3월 15일 첫 출근했다. 비서실에 책상이 없어 경기도청 3층 정책자문단실에 자리를 배정받았다. 일찍 출근해서 걱정 반 기대 반으로 책상에 앉아 있었다. 하지만 배소현에게서는 연락이 없었다. 퇴근 시간 6시가 가까워질 무렵, 나는 배씨에게 전화했다. 그리고 물었다.

"정시에 퇴근하는 건지, 대기해야 하는지?……"

돌아오는 답변이 황당했다.

"출근이 오늘부터냐? 몰랐네."

순간 당황했다. 그러면서도 나는 여전히 '바빠서 그랬겠지' 생각했다.

"퇴근하고, 내일 출근하면 나한테 보고해."

다음 날 출근하자마자 배씨에게 출근했다고 보고했다. 텔레그램을 깔라고 했다.

"살다가 공무원도 하네요."

"이제부터 안 보이고 안 들리고 말 못하는 거 축하한다."

배소현 태도가 변했다. 180도 변했다. 권위적이고 짜증스러운 말투였다.

게다가 월급 책정도 이상했다. 지금 생각해보면 부당했다. 호봉을 책정할 때 성남문화재단 15년 근무 경력을 전혀 반영하지 않았다. 배소현에게 호봉 책정의 부당함을 이야기해달라고 요청했으나 묵살 당했다. 전 직장에서 받던 연봉에 절반도 못 미치는 급여였다.

2장

청담동 샴푸 요정 이재명의
재팬 마케팅

03

"우리는
배달의 민족이야!"

나는 첫 제보를 한 2년 전이나 두 번째 제보를 결심한 지금이나, 여전히 일상으로 돌아가지 못하고 있다. 하지만 이재명은 대통령 선거에서 떨어진 때나 지금이나 여전히 권력과 지위를 누리고 있다. 대선 패배에도 불구하고 다시 국회의원이 되었고, 게다가 거대 정당의 대표로까지 선출되었다. 그는 믿을 수 없을 만큼 멀쩡하게 세상을 휘저으며 돌아다니고 있었다. 반성과 성찰은 바라지도 않았다. 범죄나 잘못을 저질렀으면 그에 합당한 벌을 받는 것이 당연한 일이다. 하지만 치졸한 '법카 도둑' 이재명은 '법꾸라지'처럼 요리조리 피해다니고 있었다.

2021년 겨울 첫 번째 제보에 이어 2023년 8월 2차 제보를 해야겠다고 결심했다. 다시 한번 더 용기를 내어 세상에 이재명의

도덕적 타락과 죄상을 '밝히기'로 했다. 나는 국민권익위원회에 직접 부정부패 공금횡령으로 이재명을 고발했다. 경기도 법인 카드 부패는 김혜경씨와 5급 공무원 배소현의 문제만이 아니라, 진짜 몸통은 이재명이었다. 그 부패 행위를 신고한 것이다.

＊

첫 제보의 순간순간이 떠오른다. 고통스럽기만 했다. 나는 아주 절실한 내 일이어서 선명하게 몸과 마음에 각인되고 기억되어 있지만, 먹고 사는 데 자신의 모든 힘을 쏟는 대부분의 사람들에게는 나의 제보가 순간의 이슈에 지나지 않는다는 것도 2년여 시간이 지나면서 늦게나마 깨닫게 되었다. 나에게는 어리숙하고 미숙한 시간들이었다. 하지만 새로운 나를 만나는 '고통과 성숙'의 시간이기도 했다. 그 시간 동안 어떤 일들이 있었던 것일까?

끝날 듯 끝나지 않는 이슈 '김혜경을 둘러싼 의혹'은 2021년에 시작되었다.

핵심은 두 가지였다. 첫 번째, 경기도 공무원을 마치 김혜경씨 개인 비서처럼 부렸다는 '불법 의전 의혹'. 두 번째는 경기도 법인카드 그러니까 국민 세금을 가지고 소고기, 초밥, 샌드위치 사 먹으면서 개인 돈처럼 썼다는 '법인카드 사적 유용 의혹'이다.

나는 이 의혹들을 처음 제기했다. 그리고 2023년 8월 국민권 익위원회에 다시 신고했다. 2차 제보는 이재명 더불어민주당 대 표를 겨냥했다.

"이재명 대표가 당시 경기도지사 시절에 자신의 아침 식사가 경기도청 법인카드로 제공된다는 걸 알면서도 묵인했다. 명백 한 부패 행위다."

이재명 더불어민주당 대표, 그의 부인 김혜경씨, 배소현. 이 사람들의 재판과 수사는 그간 어떻게 진행되었을까? 1심 판결 이 나온 게 딱 하나! 있다. 배소현과 김혜경의 '불법 의전·법카 논 란' 두 가지 의혹 모두 '사실이다, 맞다'였다. 지금까지의 재판 결 과는 배소현과 관련된 1심 판결만이 났다.

김혜경씨와 배소현이 처음 만난 건 2010년이다. 이재명 더불 어민주당 대표가 처음으로 성남시장에 당선됐던 그 선거캠프에 서였다. 배씨는 자원봉사자로 참여했고, 그때부터 김혜경씨 수 행을 시작했다. 13년 된 아주 오래된 인연이다. 2010년 이재명이 성남시장으로 당선된다. 배소현은 성남시청 공무원이 되었다. 성남시청에서 '명목상' '서류상' 맡은 일은 해외 홍보 업무와 외빈 의전. 하지만 이때도 김혜경씨를 수행했다.

그 이후 선거 때만 되면 그만두고, 이재명이 당선되면 다시 공무원이 되는 사이클을 반복했다. 4년 뒤에 성남시장 재선 선거가 있었다. 배소현은 성남시청에 사표를 낸다. 그리고 이재명 시장 선거캠프에 들어간다. 역시 김혜경씨를 수행했다. 이재명이 성남시장에 재선되었다. 배소현은 다시 성남시청 해외 홍보 자리에 또 입사한다.

2017년 이재명 성남시장이 대선에 출마한다. 문재인 후보, 안희정 후보랑 맞붙었던 더불어민주당 대선 후보 경선이었다. 배소현은 또다시 성남시청을 그만둔다. 경선에서 탈락한 뒤, 이재명이 성남시장으로 복귀하자, 배소현은 역시나 성남시청에 다시 들어간다.

2018년 이재명 시장은 경기도지사 선거에 도전한다. 배소현은 또 성남시청을 그만둔다. 그리고 이재명 경기도지사 후보 선거캠프에 들어가, 김혜경을 수행했다. 이재명이 경기도지사가 되었다. 그러면 어디로? 당연히 경기도청 5급 공무원으로 들어갔다, 김혜경을 수행하러.

배소현이 경기도청 5급 공무원으로 맡은 업무는 대외협력, 국회나 행정부 등 외부와 협력하는 업무인데, 경기도청에서 실제 대외협력 일을 한 것은 아니다. 페이퍼 컴퍼니처럼 '서류상'으로만 존재하는 일이다. 그녀는 김혜경씨 수행만 했다. 이것이 '불법 의전'이다.

2021년 이재명 경기도지사가 더불어민주당 대통령 후보 경선에 출마한다. 배소현은 경기도청을 또 그만두겠지, 선거캠프에서 김혜경을 수행하겠지? 맞다. 2021년 11월 이재명 경기도지사가 더불어민주당의 대선 후보로 결정이 되었다. 배소현은 경기도 공무원을 퇴직하고 대통령 선거캠프로 이동, 역시 김혜경을 수행했다.

그런데 여기서 일이 터졌다. 2021년 12월 배소현이 경기도 5급 공무원으로 경기도 일은 안 하고 김혜경의 개인 의전만 했다는 논란이 일어난 것이다. 이때 나도 내가 어떤 일을 했는지 심각하게 깨닫고 후회하고 있었다. 그리고 대선을 한 달 반 정도 앞둔 2022년 1월 말 경기도 7급 공무원, 나 조명현이 공익제보자로 나섰다.

나는 배소현 밑에서 심부름했다고 고백하면서 경기도 법인카드로 초밥, 소고기를 사서 이재명 김혜경의 수내동 자택에 배달했다고 폭로했다. 나와 배소현이 주고받은 텔레그램 대화, 통화 녹취 등을 공개했다. 그러자 배소현이 해명한다, 그것도 더불어 민주당 선거대책위원회를 통해서.

"나는 경기도 대외협력 담당으로 채용이 됐고, 김혜경씨 수행 비서로 일한 적이 없다. 공무수행 중 이재명 가족을 위한 사적 용무를 처리한 사실이 없다."

전면 부인했다. 내가 반박했다.

"약도 내가 대리 처방받아서 김혜경씨 집에 갖다 놨다."

사진을 공개했다. 7급 공무원 나와 배소현이 주고받은 텔레그램도 역시 공개했다.

"약을 쇼핑백에 넣었고, 이 지사 옷 세탁까지 해서 약과 함께 이걸 걸어놓은 곳이 김혜경씨 그러니까 이재명 경기도지사 자택 앞입니다."

내가 이렇게 갖다줬는데 무슨 소리냐! 사적으로 법인카드로 유용했을뿐 아니라, 약까지 대리 처방받았다고 하니 폭발력이 커졌다. 왜냐하면 의료법상 거동이 불편한 사람 외에는 본인이 직접 가서 약 처방을 받아야 했기 때문이다. 그랬더니 배소현이 또다시 해명했다.

"이 약은 김혜경씨 약이 아니라 제 약입니다. 늦은 결혼과 임신에 대한 스트레스로 남몰래 호르몬제를 복용했습니다. 제가 복용할 목적으로 다른 사람이 처방받은 약을 구했습니다."
"이런 심부름도 다 제 치기 어린 마음에서 비롯된 겁니다."

의도적으로 배소현 자신이 혼자 다 뒤집어쓴 것이다. 그랬더니 검찰이 '이재명 후보 당선을 위한 거짓말이다. 허위사실을 공표했다'면서 선거법 위반으로 기소했고, 그 기소에 대한 법원의 1심 판결이 나왔다.

사적 심부름과 약 대리 처방에 대한 법원 판단은? 배소현은 대선 때 했던 두 가지 해명이 거짓이 아니라는 걸 증명해야 했다. 배씨는 재판에서 "사적 용무 처리한 사실이 없다"고 한 건 사실이 아니라고 인정했다. "억울함을 소명하는 과정에서 없었다고 단정적으로 얘기한 건데 (그런 일이) 없지 않았다." 그렇다고 다 인정하는 건 아니었다. "하지만 그건 아주 극히 일부다. 사적 업무처럼 보이지만 원래는 공무다. 경기도지사를 보좌하는 업무에 포함된다."

두 번째 이 약과 관련해서는 계속 자신이 먹은 거라고 얘기했다. 배씨는 이렇게 설명했다. '결혼이 늦었고, 임신이 잘 안 된다. 스트레스가 많아서 잠을 못 자는 상황이었다. 그때 김혜경씨로부터 '리비알정'이라는 호르몬제가 불면증에 좋다는 얘기를 듣고 먹고 싶어, 나에게 심부름을 시켜야 하는데 내가 남성이었다. 남성한테 이런 얘기를 하기가 좀 민망해서 마치 김혜경의 심부름인 것처럼 했고, 결국 자신이 먹었다'고 주장했다.

법원은 두 해명 모두 거짓이라 판결했다. 김혜경씨 개인 식사를 심부름했다는 건 최소 13차례 인정이 되었다. 나와 배소현 간에 주고받았던 텔레그램이 말해주고 있다.

"안심 네 팩 사놨습니다."

"아이스박스에 넣어서 줘."

배 소현
최근에 접속함

4팩 다 같이 찍어줘요 오후 6:00

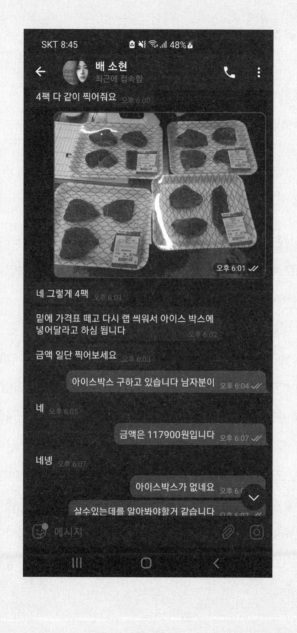

오후 6:01 ✔✔

네 그렇게 4팩 오후 6:01

밑에 가격표 떼고 다시 랩 씌워서 아이스 박스에
넣어달라고 하심 됩니다 오후 6:02

금액 일단 찍어보세요 오후 6:03

아이스박스 구하고 있습니다 남자분이 오후 6:04 ✔✔

네 오후 6:05

금액은 117900원입니다 오후 6:07 ✔✔

네넹 오후 6:07

아이스박스가 없네요 오후 6:0

살수있는데를 알아봐야할거 같습니다 오후 6:07 ✔✔

메시지

이런 녹취도 나왔다.

"내일 카드를 내 책상에 갖다 놓을게."
"사모님(김혜경) 내일 초밥 올려달라고 그랬어."

∗ ∗

　법원은 "공무수행 중 김혜경씨를 위한 사적 용무 처리가 반복적으로 이루어졌고 횟수도 적지 않다"면서 김혜경씨 개인 의전을 위해서 쓴 돈이라고 결론 내렸다.

　약 대리 처방은 왜 거짓이라고 봤을까? 이 '리비알정'은 여성분들 완경 때 먹는 갱년기 증상 치료제로 쓰는 약이다. 법원 판단은 이랬다. 김혜경씨는 2020년 12월 21일 분당서울대병원에서 리비알정 84정을 처방받는다. 다음 진료일이 2021년 4월 16일. 12월 진료와 그다음 해 4월 진료일 사이에 116일이 남아 있었다. 그런데 김혜경씨가 처방받은 약은 84정, 84일 분이다. 이 리비알정은 매일 같은 시간에 하루에 한 번 한 알씩 복용해야 한다. 116일 동안 먹을 약이 필요한데 본인이 가진 건 84정밖에 없었다. 32일 치가 부족한 것이다. 그래서 법원은 "대리 처방을 받아서 리비알정 32알을 받은 것이다"고 판단한 것이다.

지난 대선 때 배소현이 한 이 두 가지 해명은 당시에 이재명 후보에게 불리한 의혹이 제기되다 보니, 이걸 막기 위해서 한 거짓말, 허위사실을 공표한 거라고 해서 법원은 배소현에게 징역 10개월, 집행유예 2년을 선고했다. 배소현의 재판 1심은 '공직선거법 위반' 혐의였다.

배소현은 유죄였다. 그렇다면 이재명 김혜경은? 선거 과정에서 거짓말했다는 의혹인데, 사실 본질은 그게 아니지 않는가. 본질은 무엇일까? 경기도 공무원이 경기도청 법인카드를 이재명 김혜경의 사적인 용도로 막 긁었다, 결과적으로 경기도에 손해를 끼쳤다는 '배임' 혐의가 본질이다.

그런데 왜 공직선거법 위반 혐의부터 했을까? 이건 공소시효가 있었다. 선거 후 6개월 지나버리면 죄가 밝혀져도 처벌할 수가 없다. 그러니까 2022년 3월 대선이었으니, 같은 해 9월까지 무조건 공직선거법 위반으로 처벌하려면 그 전에 기소를 해야 했다. 재판에 넘겨야 되는 것이다. 그래서 2022년 9월에 배소현을 공직선거법 위반 혐의로 재판에 넘겼고, 그 1심이 나온 것이다.

이 배임 혐의는 여전히 수사가 진행 중이라 한다. 김혜경씨는 지난 대선 기간에 부정한 기부 행위를 했다는 건으로 공직선거법 위반 혐의로 걸려 있는데, 이 사안은 아직 재판에 안 넘어갔다고 한다. 배소현과 같이 걸려 있는 건이다. 배씨가 이미 재판에 넘겨졌기 때문에 공범인 김혜경의 공소시효가 중지된 상황이다. 공소시효가 끝나더라도 처벌할 수 있도록 일단 멈춰놓은 것이다. 그러니 이 부분도 남은 것이다.

똑같이 김혜경도 법인카드 유용 의혹과 관련해 배임 혐의로 수사를 받고 있다. 김혜경씨가 대선 한 달 정도 앞두고 해명을 했다.

"배 사무관은 오랫동안 인연을 맺어온 사람입니다. 그러다 보니까 여러 도움을 받았는데 공사를 구분하지 못했습니다."

친해서 그냥 도움을 좀 받았다. 그게 전부라는 것이다. 김혜경씨가 검찰에 소환 조사받으면서 "나는 경기도 법인카드가 사용됐는지도 몰랐고 그 비용을 냈다"고 했다. 그러니까 경기도청 법인카드를 사적으로 유용하는 데 있어서 "나는 한 게 없다. 배소현이 알아서 한 거고, 나는 배씨한테 도움을 받았을 뿐"이라고.

그런데 배소현 1심에서 법원은 그냥 사적인 친분으로 사준 게 아니라고 판결했다. 명확하게 그 부분을 지적했다.

"피고인 배소현은 2010년경부터 4차례 선거에서 김혜경씨를 계속 수행 보좌했다. 김혜경에 대한 태도를 보면 단순 친분 관계가 아니다."

텔레그램과 녹취에서 '사모님' 이렇게 불렀기에 법원은 상하 관계라고 이야기했다. 친해서 그냥 사준 게 아니라, 사적으로 사준 게 아니라, '지사 사모'인 김혜경씨를 모시기 위해, 의전을 하기 위해 경기도청 법인카드를 긁었다고 본 것이다. 그래서 재판부에서 김혜경 주장과 다른 1심 판결이 나온 것이다.

그러면 이재명 민주당 대표는 어떻게 되었을까? 이재명 대표가 당시 경기도지사였지만, 경찰은 이 대표가 법인카드 유용과 직접 연루된 게 없다면서 '불송치' 무혐의라고 결론 내렸다.

그런데 2023년 8월 나의 2차 제보로 상황이 바뀌었다. 나는 "이재명 민주당 대표가 공금횡령 및 공금횡령 교사를 했다"고 국민권익위원회에 조사 신청을 했다. 그러면서 새로운 추가 폭로를 시작했다.

이재명 경기도지사가 법인카드로 자신의 사적 용품 사주는 걸 몰랐을 리가 없다. 왜? '너무 자주 했으니까.' 평일뿐만 아니라 휴일에도 경기도지사 관사로 음식 사서 식사를 차려서 갖다 준

사진도 공개했다. 과일을 관사에 갖다 놓으면 김혜경씨는 그 과일을 수시로 싸가지고 수내동 이재명 경기도지사 집으로 가져갔다는 증언도 했고, 내가 청담동에 가서 이재명 지사가 쓰는 샴푸를 사 왔다는 사실도 밝혔다.

04

왜 샴푸 사러 청담동까지
가야 하는 거지?

나는 무척 궁금했다. 내가 왜 샴푸 사러 청담동까지 가야 하는 거지? 청담동에서만 파는 샴푸는 어떤 거야? 특정 샴푸를 사러 특정한 동네를 간다고 하는 건 태어나 처음이었다.

'이재명 샴푸'라고 불리는 일본산 샴푸 이야기다. 이재명 경기 도지사는 경기도 세금으로 이 샴푸를 구입해 사용해왔다. 이재명 지사의 머리를 손질해주는 미용실 원장이 운영하는 청담동 숍에서 판매하는 것인데, 내가 주말에 청담동에 가서 직접 구매해 왔다. 이재명 지사 머리를 손질하러 미용실 원장이 공관으로 직접 출장을 나왔다. 그때 미용실 원장이 이재명 지사에게 추천해준 제품을 이재명 지사가 수행비서를 통해 나에게 구해오라고 지시한 것이다.

이재명 지사가 어느 나라 샴푸를 쓰든, 그 사람이 일제 샴푸를 쓰든 말든 뭐가 중요한가. 내가 청담동에서 구입한 샴푸는 일제 쿠오레AXI 샴푸다. 500ml 사이즈로 83,000원이다. 250ml 작은 사이즈가 약 5만 원이니 굉장히 비싼 샴푸다. 이것을 제보했더니, 처음에는 부인하다가 사진을 보여주니 아무런 반응을 보이지 않았다.

내가 청담동으로 샴푸 사러 간 것도 웃기지만, 경기도지사 샴푸 사러 휴일에 공무원을 부리는 게 더 이상했다. 더 어이없는 건 샴푸 값을 세금으로 지불한 것이다. 7급 공무원인 나의 개인 카드로 먼저 결제하고 그 영수증을 경기도청에 제출하면, 경기도 비서실에서 처리해줬다.

청담동 샴푸 제보 이후 '패러디 작품'들이 등장하기도 했다. 샴푸 요정 이재명이 반일 선동 시위장에서 일제 샴푸의 향기를 뿜어내는 것 같다. 이 절묘한 패러디 작품의 창작열 동력은 무엇이었을까? 나는 분노라고 생각했다. 반일 선동을 목숨 걸고 하면서, 자신이 쓰는 일제 샴푸 사러 공무원을 청담동에 보낸다. 그것도 자기 돈도 아닌 세금으로 산 것에 대한 분노였다.

이재명 더불어민주당 대표는 후쿠시마 오염수 방류를 '제2의 태평양전쟁'이라고 은유하기도 했다. 수준 낮은 비유다. 2차대

"재앙이형도 써봐.. 샴푸는 일제가 이찌방이야!"
샴푸의 요정, 반일 선동 시위장에서 일제 샴푸의 향기를 뿜어내다!
ありがとう
청담동 술자리는 개구라였고
청담동 일제 샴푸는 찐이다
MADE IN JAPAN
"너의 샴푸는" 찢짜이밍 감독 작품
찢즈메의 文단속
すずめの文まり
MADE IN JAPAN
2023 대개봉
더불어민주당

전 때 여러 전선이 있었다. 소련과 독일하고 붙은 동부전선, 서유럽의 서부전선, 북아프리카 전선, 미국과 일본의 태평양 전선 등. 제2의 태평양전쟁은 설득력이 낮을 뿐 아니라, 일본에 대한 증오의 감정을 과하게 표현한 것이다. 이재명은 그 선동 뒤에서 '일제 샴푸'를 청담동에까지 가서 사 올 만큼 겉과 속이 다른 사람이었다.

이재명은 자신이 고가의 일제 샴푸를 열심히 구해서 쓸 정도로 우리나라와 일본이 굉장히 긴밀하게 얽혀 있는, 앞으로도 얽혀 있을 파트너 관계라는 것을 자기 몸으로 체험하면서도, 정치적인 이득을 위해 마치 그런 일은 무시해도 되는 것처럼 행동했다. 지킬박사와 하이드처럼 자신의 낮과 밤이 다른 이중적인 생활과 태도가 드러난 것이다.

"내가 언제 사 오라고 그랬나? 있으니까 썼지. 내가 밥을 먹어야 하는데 밥이 있으니까 먹었고, 샴푸가 있으니까 쓴 거고. 나는 그 샴푸를 좋아하고 내가 시킨 적은 없다."

내가 아는 이재명 대표는 이렇게 변명할 것이다. 이재명 대표는 공직생활을 꽤 오래 했다. 성남시장을 했고, 경기도지사까지 지냈다. 그러면 명확해야 한다. '이것은 내가 사적으로 하는 것, 저것은 공직자가 하는 것'을 명확하게 해야 하는데, 모든 것을 거의 다 법인카드로 썼다. 공직자 의식이 과연 있는가? 그 샴푸가 일본제냐 아니냐는 본질이 아니다. 왜? 이걸 사 오라고 7급 공무원에게 시키고, 게다가 공금을 유용한 것, 이게 핵심이다.

청담동 샴푸 건에 대해 한 방송에서 노동일 교수님이 한 말이 깊이 다가왔다.

"저게 비정상 넘어 질병입니까? 아니죠. 범죄지 않습니까! 경기도 법인카드는 국가의 돈으로 국민 세금으로 조성된 돈 쓰는 거 아닙니까? 공무에 써야죠. 왜 본인이 사적 이용을 합니까? 공금 횡령죄 그리고 공무원들을 사적인 일에 저렇게 이용하고 특히 5급 공무원 배씨는 성남시장 시절부터 일부러 채용해서 김혜경씨의 수발을 들게 한 거 아닙니까? 무슨 공노비입니까? 국고 손실죄죠.

오래전 일이 아닙니다. 2022년 대선 때 폭로되었죠. 그런데 지금 아무 일이 안 일어나고 있지 않습니까. 지금 새삼스럽게 7급 공무원 A씨가 왜 지금 다시 저렇게 폭로하느냐? 그 이유를 들어보니까 너무 가슴이 먹먹하더라고요. 본인은 공무원 잘렸고, 빚은 엄청나게 불어나고 있고, 택배 일을 하다가 지금 몸이 아파서 못하게 되었다. 그런데도 다시 이렇게 자기가 폭로할 수밖에 없는 이유는 아무 일도 안 일어나고, 당사자는 여전히 지금 야당 대표로서 건재하고, 본인만 불이익을 받고 있고, 이러니까 너무 가슴이 막막한 거죠. 저도 그 말 들으면서 너무 가슴이 먹먹하더라고요.

제가 스웨덴 린네대학의 최인혁 교수 글을 읽었어요. 그분이 스웨덴 경쟁력의 가장 큰 원천이 뭐냐? 정치라는 겁니다. 그분이 쓴 글에 1995년에 모나 살린Mona Sahlin이라는 유망한 여성 정치인이 있었는데, 당시 부총리였고 총리 1순위였답니다. 의원내각제이니 의원들이 총리, 부총리를 하는 거죠. 그런데 그분이 법인카드 하나 잘못 써 가지고 정치 생명이 다 망가졌다는 거예요. ('초콜릿 사 먹은 거 그거 말씀하시는 겁니까?') 초콜릿 사 먹었다는 거예요.

우리 기준으로 보면 하품 나올 일 아닙니까? 그것 때문에 정치 생명이 끊어졌어요. 그런데 이건 법인카드를 이용한 당사자가 생생하게 증언한 일 아닙니까? 너무나 가슴이 아파서 다시 지금 폭로하고 있다는 거 아닙니까? 이걸 어떻게 봐야 됩니까? 우리나라가 이게 대한민국의 경쟁력을 가장 떨어뜨리는 게 정치란 그 말 할 수밖에 없는 거 아닙니까?"

＊

이재명 지사의 사적 생활에 사용하는 용품 중에는 법인카드로 살 수 없는 물품들이 있다. 에르메스 로션, 청담동 샴푸, 일본산 클렌징 오일, 향수 등은 법인카드로 살 수 없다. 예산에도 없고, 백화점이나 특정숍에서 구입해야 하는 물품이라 법인카드 사용이 불가능했다. 이런 것들은 내가 직접 매장을 방문해 나의 개인카드로 구입했다. 그리고 경기도청 비서실 소속 시모 비서에게 구매내역 영수증을 제출하면, 시모 비서가 자신의 개인계좌에서 내 개인계좌로 송금해주었다. 이런 비용은 비서실에서 관리하고 있는 공무원 출장 여비를 갹출해 모아서 사용한 돈이라고 배씨에게 들었다.

김혜경씨의 생일 선물, 소고기와 꽃다발, 생일 케이크 그리고 미역국도 마찬가지였다. 소고기와 과일은 법인카드 및 장부 결제로 구입했고, 생일 케이크는 성남시청 앞에 있는 카페(케이크 및 베이커리 판매)까지 가서 내 개인카드로 구입하고, 다시 시모 비서에게 계좌 입금을 받았다. 미역국은 수원의 '보들미역' 찾아

SKT 6:51

배 소현
최근에 접속함

봉투 테이프 붙엿어? 오후 5:34

네 오후 5:34 ✓✓

ㅇㅋ 오후 5:34

고생햇고 낼 촬영잘하고 앞으론 좀 더 서로 얘기를
하고 살자 오후 6:58

7월 31일

오후 1:21 ✓✓

청담나와서 구입했습니다 오후 1:

메시지

선결제(경기도 법인카드)를 한 후 생일 임박해서 미역국을 주문해 수원에서 수내동 자택으로 가져갔다. 거기에다가 비서실에서는 김혜경씨의 생일 선물로 향수를 따로 준비하기도 했다.

김혜경과 배소현 그리고 이재명까지 이 상황을 당연하게 받아들이고 있었다. 이재명을 비롯한 '늘공'(직업공무원)에서 '어공'(별정직 공무원)까지 모두 이재명과 그 가족들의 개인적 이득을 위해 소소한 부분까지 조직적이고 계획적으로 공금을 횡령한 것이다.

이재명 경기도지사 수내동 자택에 김혜경씨 주문으로 사서 올라갔던 음식들은 경기도청 총무과 의전팀에서 가지고 있던 법인카드로 결제했다. 일명 '카드깡(카드 바꿔치기)'으로 구입했다. 김혜경씨에게서 오더를 받은 배소현이 나에게 메뉴 및 가게를 정해주고 사전에 주문한다. 김혜경씨가 당일 오전이나 전날 메뉴를 정해주면 낮 12시에 맞춰서 의전팀 법인카드로 결제한다. 그러나 오후 늦게나 갑자기 수내동으로 음식을 올리라고 하는 경우는 배소현이나 내 카드로 먼저 결제한다. 음식 픽업 후 수내동 이재명 자택으로 배달한다. 다음날 점심시간에 맞춰 다시 음식점으로 간다.

이재명 경기도지사 의전팀 법인카드는 사용할 때 받아서 결제하고 다시 반납해야 한다. 하지만 내가 속한 '사모님팀'에서 사용했던 법인카드 2개 중 1개는 배소현이 항상 가지고 다니며 사용했다.

내가 15년 동안 일했던 성남문화재단에서 법인카드는 사전에 계획서를 작성한 뒤 사용하고, 사용 후 내역서를 작성해 보고해야 했다. 그러나 김혜경씨 음식 결제를 위한 법인카드 사용에는 사전 계획서는 물론 사후 보고도 없었다. 영수증만 제출하면 의전팀에서 알아서 처리해주었다.

* *

'한번도 경험해보지 못한 경기도 법카' 사용을 더 자세하게 설명하면, 오전에 배소현이 오늘 수내동 이재명 자택으로 올릴 품목을 알려준다. 가령 회덮밥과 초밥 같은 것들이다. 보통 6인분 이상 주문했다. 김혜경씨가 전에 먹었던 식당을 찾아 배씨가 나에게 알려준다. 나는 전화로 주문하거나 직접 가서 주문한다. 식당에서 알려준 시간에 맞춰 간다. 보통 오후 4~6시 사이에 음식을 수령한다.

나는 그 음식을 다시 내 개인차에 옮겨 놓는다. 그 후 경기도

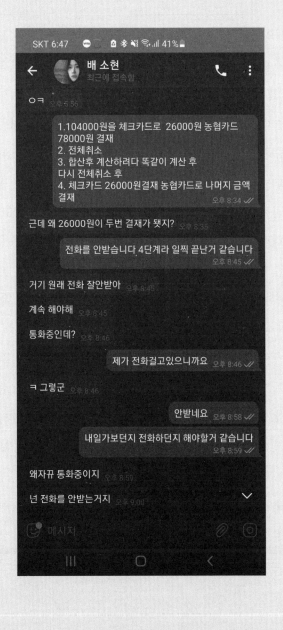

배 소현
최근에 접속함

ㅇㅋ 오후 5:56

1.104000원을 체크카드로 26000원 농협카드 78000원 결재
2. 전체취소
3. 합산후 계산하려다 똑같이 계산 후 다시 전체취소 후
4. 체크카드 26000원결재 농협카드로 나머지 금액 결재 오후 8:34 ✓✓

근데 왜 26000원이 두번 결재가 됐지? 오후 8:35

전화를 안받습니다 4단계라 일찍 끝난거 같습니다 오후 8:45 ✓✓

거기 원래 전화 잘안받아 오후 8:45

계속 해야해 오후 8:45

통화중인데? 오후 8:46

제가 전화걸고있으니까요 오후 8:46 ✓✓

ㅋ 그렇군 오후 8:46

안받네요 오후 8:58 ✓✓

내일가보던지 전화하던지 해야할거 같습니다 오후 8:59 ✓✓

왜자꾸 통화중이지 오후 8:59

넌 전화를 안받는거지 오후 9:00

메시지

청에서의 업무를 정리한다. 전기차(관용차)를 반납하는 등 도청 내에서 이루어지는 하루 업무를 마무리한다. 형식적인 퇴근일 뿐, 나의 업무는 계속 이어진다.

나는 내 차로 수내동 이재명 자택으로 이동한다. 수내동 자택 인근 주차장이나 지하주차장 등 인적이 드문 곳에서 스파이 접선하듯이 배수현을 만나서 음식을 전달한다. 배수현은 음식을 직접 김혜경씨에게 전달한다. 음식 주문 배달은 내가 하고, 배소현이 직접 수내동 이재명 자택으로 가지고 올라가는 것이다. 배소현은 자신이 한 일처럼 보이려고 한 듯하다.

나는 이렇게 일주일에 보통 3~4회씩 주문 음식, 샌드위치, 과일을 수내동으로 올렸다. 주문 음식은 회덮밥, 초밥, 민어탕, 백숙, 쌀국수, 중국 음식 등 다양했다. 간혹 같은 음식이 한주에 두 번 들어가는데, 이렇게 주문한 음식의 '카드깡'은 연속으로 결제할 수 없어 영수증을 가지고 있다가 1~2주 지난 후에 가서 취소하고, 경기도 법인카드로 결제하는 경우도 종종 있었다. 보통 한 번에 12만 원(3만 원씩 4인분-김영란법)씩 결제를 했으며, 빈번하게 이루어졌다.

또한 신화푸드에서는 선불권이 있었다. 점심시간에 맞추어 법인카드로 12만 원 선불권을 카드로 구매하고, 그 선불권으로 저녁때 신화푸드 체인점인 우설화, 천지연, 송도갈비, 서현궁 등에서 음식을 구매하여 수내동 이재명 자택으로 가져다주었다. 그리고 정육식당에서 식사를 한 것처럼 결제하고 스테이크용 소고기를 포장하여 가져다주기도 했다.

나중에 언론을 통해서 알게 된 사실이지만 '카드깡' 된 내역은 도청 내의 다른 과에서 공무에 따른 식사비 등의 명목으로 서류를 만들었다고 들었다. 그래서인지 당시 법인카드로 '카드깡' 하는 횟수는 제한적이었다. 배소현은 시간차를 두고 '카드깡'을 하게 했다. 결국 내 지갑에는 '카드깡'으로 인해 처리해야 할 영수증이 가득했다. 시간차를 두느라 늦게 처리하면서 가게에서 카드 대체 결제가 불가능하다고 하여 곤란을 겪었던 적도 많았다.

내 개인카드 이외에 배소현 개인카드로도 결제한 영수증도 꽤 많았다. 수내동 이재명 지사 집으로 올라가는 음식 결제 이외에도 김혜경씨의 사적 모임에서의 음식 결제도 법인카드로 이루어졌기 때문이다.

수내동의 한 고깃집에서 모임을 하는 경우 가명으로 예약한다. 여기에 썼던 가명은 '김수현'이었다. 왜 김수현이었는지는 모르겠다. 배소현이 처음부터 알려준 가명이었다. 김수현으로 예약하고 점심시간에 맞춰 가서 법인카드로 결제를 한다. 미리 결제해놓고 가게 명함에 선불 내역을 써서 받아오거나, 가게에 선불 식사 카드가 있는 경우는 충전해서 배소현에게 가져다주었다.

이렇게 결제한 것 중에는 더불어민주당 대선후보 경선 당시 '국회의원 사모들'의 식사 비용 지불에도 사용되었다. 여의도 중식당이었다. 이때 운전수행 한모씨, 수행 서모 변호사의 식사도 같이 결제했다. 경기도 광주의 한 식당에서 '국회의원 사모들'과의 식사 결제를 위해 경기도청에서 배소현과 내가 함께 갔었던 적도 있다. 이때는 국회의원 사모가 먼저 결제했다. 거기에 코로나19 팬데믹으로 4인 모임 제한 등이 시행되면서 법인카드 사용이 쉽지 않았다.

법인카드 결제 영수증 처리는 처음에는 경기도청에 내가 근무하는 정책자문단실의 홍모 주무관에게 가져다주라고 배소현이 이야기했다. 그러면 홍모 주무관이 총무과 의전팀의 노모 주무관에게 전달했다. 영수증 제출할 때는 영수증이 보이지 않게 2중으로 되어 있는 봉투에 넣어서 전달했다. 그러다가 어느 시점부터 내가 의전팀 노모 주무관에게 직접 가져다주었다. 그렇게 된 계기는 코로나19로 모임 인원 제한이 엄격해지면서 의전팀에서 배소현의 법인카드 사용 자제를 요청했기 때문이었다.

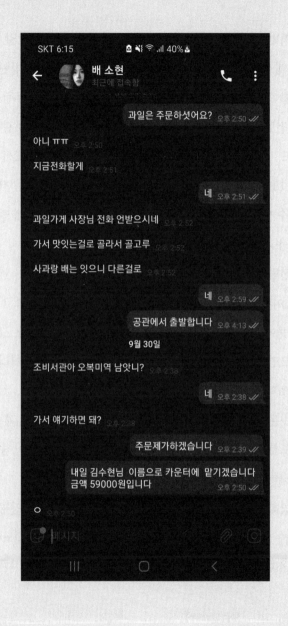

배 소현
최근에 접속함

과일은 주문하셨어요? 오후 2:50

아니 ㅠㅠ 오후 2:50

지금전화할게 오후 2:51

네 오후 2:51

과일가게 사장님 전화 언받으시네 오후 2:52

가서 맛잇는걸로 골라서 골고루 오후 2:52

사과랑 배는 잇으니 다른걸로 오후 2:52

네 오후 2:59

공관에서 출발합니다 오후 4:13

9월 30일

조비서관아 오복미역 남앗니? 오후 2:38

네 오후 2:38

가서 얘기하면 돼? 오후 2:38

주문제가하겠습니다 오후 2:39

내일 김수현님 이름으로 카운터에 맡기겠습니다
금액 59000원입니다
오후 2:50

오후 2:50

메시지

하지만 김혜경씨의 음식 주문과 그에 따른 결제를 줄일 수 없었던 배소현은 나에게 의전팀 노모 주무관에게 가서 법인카드 사용할 수 있는지를 물어보라고 시키곤 했다. 노모 주무관은 다시 의전팀장에게 확인을 받는 절차를 밟았다. 노모 주무관은 법인카드 사용할 때 가급적 경기도청이 있는 수원 관내에서 사용하고, 12만 원을 넘지 않게 해달라고 요청했다. 배소현은 자신보다 급수가 낮은 '늘공'의 간섭을 싫어했다. 그래서 나에게 법인카드 사용 가능 여부를 물어보라고 시켰던 것이다.

의전팀에서도 법인카드 사용을 조절하고 싶은 기색이 역력했지만, 이재명 경기도지사 자택으로 올리는 음식임을 알고 있었기 때문에, 법인카드 사용을 아예 막지는 못하는 듯했다. 그렇지 않았으면 음식점 영수증을 가져다주기만 하면 말없이 처리해줄 리 없었다.

한번은 수내동 중식당에서 내 개인카드로 결제하고, 후에 법인카드로 바꿔치기하는 '카드깡'을 하러 갔다. 그런데 이 중식당 사장님이 카드 교체 결제를 해줄 수 없다고 거부했다.

당연히 카드 취소 후 결제가 될 거로 생각했던 나는 당황하지 않을 수 없었다. 하지만 완강하게 거부하는 사장님의 태도에 나는 배소현에게 이를 알렸다. 배씨는 "그런 게 어딨냐"며 다시 이야기하라고 했다. 나는 이미 두 번이나 이야기해봤다고 했지만, 배씨는 내 이야기를 들으려고 하지 않고 "가서 다시 하라"고 짜증 내며 소리 질렀다. 어쩔 수 없이 다시 가서 사정해보았지만, 나는 잡상인 취급을 받으며 내쫓기다시피 나오고 말았다.

배씨는 중식당에서 내가 결제한 금액만큼 다른 음식점 선불 카드를 끊게 했다. 그것으로 가족 식사를 하라고 했다. 그 멘트가 귀에 생생하다.

"○○에 가서 선불 끊고 가족들끼리 밥 먹어, 그럼 됐지?"

어이가 없었다. 내가 가족과 식사하고 싶으면, 내가 가서 먹으면 되는데 선심 쓰듯 자기 돈으로 사주듯이 이야기하는 태도라니……. 심지어는 김혜경씨가 먹은 음식값을 내 카드로 결제한 거다. 돈으로 받아도 시원치 않을 텐데, 음식점까지 지정해서 먹어야 하다니! 배씨가 시켜서 일이 이렇게 된 게 아닌가? 나에게 미안하다고 해야 할 상황에 마치 어려운 일을 자기가 해결해 준 것인 양하는 배씨의 태도에 정말 화가 났다.

이재명 김혜경 두 사람의 모든 음식을 집으로 배달하는 것까지 비서의 업무인가?

배소현은 '사모님팀'을 이렇게 불렸다.

"우리는 배달의 민족이야~"

그때도 지금도 왜 내가 '배달의 민족'이어야 하는지 이해되지 않
았다.

3장

초밥, 소고기 사는 일이
이재명 비서가 하는 일이야?

배 소현
최근에 접속함

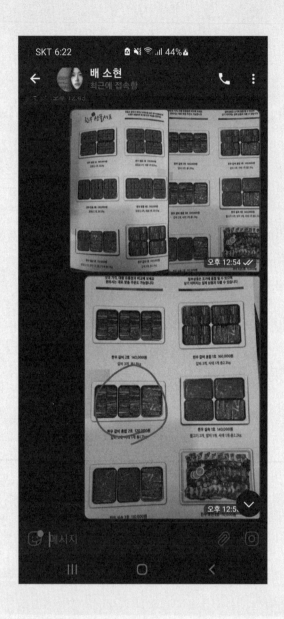

오후 12:54 ✓✓

오후 12:5

메시지

05

법인카드 '카드깡'하는
비서관

경기도 7급 비서관으로 들어간 지 얼마 되지 않아 배소현의 갑질이 시작되었다. 화내고 소리 지르는 것은 기본이었다. 업무에 대해 알려주는 것도 당연히 없었다. 단발적인 지시만 내렸다. 그것도 텔레그램으로.

"배차 받아라!", "차를 ○○에 대라.", "△△로 가라.", "□□로 오라."

답답하기만 했다. 업무에 대해 일언반구 설명이 없었다. 인수인계라는 것도 없었다. 지금 하는 일이 어떤 일인지?, 무엇을 하기 위한 일인지?, 어디를 갈 때 그곳은 왜 가는지?, 어떤 일을 수행하는지? 알려주지 않았다. 배소현의 업무 방식은 이해도, 납득도 되지 않았다. 나는 처음 해보는 '비서' 업무로 우왕좌왕 좌충우돌할 수밖에 없었다. 욕먹으면서 말이다. 배소현은 이런 나를 보며, 소리 지르거나 질책하기 일쑤였다.

"알아서 센스 있게 일을 해야지, 왜 그렇게 못하냐!"
"그리고 지난번에 안 한 영수증 가져가서~"

"네."

"오늘 13만 원이 넘거든요."

"네."

"오늘 거 12만 원 하나 긁어 오고요."

"네"

"지난번 거하고 오늘 나머지 거하고 합쳐 갖고, 하나로 긁어

오세요."

"알겠습니다."

"무슨 말인지 알지?"

"네, 12만 원에 맞추면 되는 거죠. 양쪽으로."

"12만 원 안쪽으로 두 장으로."

"네, 알겠습니다."

그렇게 나는 비서 일을 시작했다. 법인카드 바꿔치기하는 이상한 결제 방법도 배웠다. '카드깡'을 몇 차례 할 무렵 배소현의 갑질을 아내가 알게 된 사건이 일어났다. 퇴근 전에 배소현은 나에게 경기도 광주에 있는 정육식당에서 수내동 이재명 경기도지사 자택으로 올릴 소고기를 주문하라고 지시했다. 배씨는 나에게 전임자 연락처를 알려주며 정육식당 전화번호와 주문방식을 물어보라고 했다. 왜 말해주지 않았지? 왜 인수인계하지 않았을까? 나는 전임자에게 전화해 소고기를 구매하는 방법과 정육식당 연락처를 받았다. 정육식당에 전화를 걸었다.

"하던 대로 소고기를 주문하고, 식당에서 결제하려고 하는데 가능한가요?"

∗

이재명 경기도지사 수내동 자택으로 올리는 소고기 주문 방법은 이랬다. 경기도 법인카드로 소고기를 구매해야 한다. 그런데 영수증에 찍히는 품목이 소고기를 구매한 것으로 나오면 안 된다. 식당에서 음식을 먹은 것처럼, 즉 정육식당에서 먹은 것처럼 영수증이 찍혀 나오게 해야만 한다. 그런데 문제가 생겼다. 정육식당 사장님이 전에는 편법(?)으로 '원하는 대로' 영수증 처리를 해줬으나, 지금은 고기공장에서 식당 납품용으로 나오는 고기를 음식 먹은 것처럼 해줄 수 없다는 답변이었다. 이 사실을 배소현에게 텔레그램으로 보고하고 퇴근한 상태였다.

나는 퇴근 후 아내와 함께 장을 보러 마트에 갔다. 차로 이동 중일 때였다. 배씨에게서 전화가 왔다. 운전 중 울리는 벨소리.

급하게 얼떨결에 전화를 받았다. 배씨는 여지없이 큰소리를 내질렀다. 퇴근 전 내가 보낸 텔레그램을 그제서야 확인한 배씨가 다짜고짜 소리를 질렀던 것이다.

"전에 잘 되던 게 조 비서 오니까, 왜 안 돼! 이게 말이 돼?"
"네가 뭘 잘못한 거 아니야?"
"○비서(전임 비서)에게 물어봤어?"

짜증과 화가 뒤섞인 커다란 목소리다. 그 소리가 옆자리에 앉아 있던 아내에게도 들릴 정도였다. 순간 당황했다. 아내 얼굴을 쳐다봤다. 아내의 얼굴이 순식간에 일그러졌다. '심장이 쿵'하고 떨어져 내렸다. 아내에게는 차마 보여주고 싶지 않은 장면, 들려주고 싶지 않은 목소리가 무방비 상태에서 적나라하게 드러나게 되었다. 나는 그 상황에서도 소리치고 있는 배씨의 전화를 끊을 수 없었다.

"네~ 다시 확인해보겠습니다."

나는 조용히 답하면서 전화를 끊었다. 고개가 저절로 숙여졌다. 몇 초간 숨죽이고 있다가 고개를 돌려 다시 아내를 바라봤다. 아내는 차가운 얼굴을 하고 나에게 물었다.

"누구야, 왜 그래?"

나는 경기도청 비서실 상사 5급 공무원 배소현이라고 이야기했다. 아내가 말했다.

"당신이 무슨 잘못을 했는지 모르지만, 내 상식에서는 도저히 이해가 안 되네."
"도대체 회사에서 일하는 사람들끼리 이렇게 소리 지르며 일하는 게 말이 돼?"

나는 답할 말을 찾을 수 없었다. 나조차 납득이 안 가는 상황인데, 어찌 아내에게 설명할 방법이 있겠는가. 아내가 연달아 질문했다.

"소고기는 뭔데?"
"당신 비서관으로 들어간 거 아냐?"

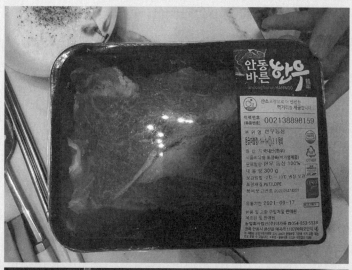

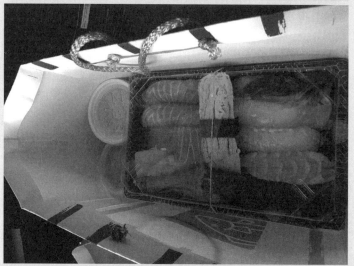

"이재명 경기도지사 비서가 하는 일이 소고기 사는 일이야?"

나는 여전히 답할 말을 찾을 수 없었다. 나조차 이재명 경기도지사 비서가 소고기를 사다 날라야 하는 이 상황을 이해하지 못하고 있는 건 마찬가지였기 때문이다.

아내는 차분하고 침착한 사람이다. 대체로 감정의 기복이 없다. 웬만한 큰일에도 놀라지 않고, 지극히 객관적이어서, 가끔 서운할 때가 있을 정도다. 합리적으로 이해가 되면 화를 내지 않는 사람이다. 그런 아내가 화를 내고 있었다. 나는 더듬더듬하며 궁색하게 말했다.

"비서 업무 중에 극히 일부일 뿐이야. 내가 제일 늦게 들어간 막내(?) 비서이기 때문에 해야 하는 일이기도 하고."

말도 안 되지만 얼버무렸다. 그냥 넘어갈 아내가 아니었다.

"내가 비서 일을 모른다지만, 이재명 지사와 김혜경씨가 먹는 소고기를 사는 일이 비서가 할 일이라고?"
"퇴근하고 전화하는 것도 납득이 안 되는데, 언성을 높여?"

"도대체 그 사람은 당신을 어떻게 보길래, 일 같지도 않은 일을 시키면서 퇴근한 사람에게 소리 지르고 막말하는 건데! 이 상황을 어떻게 이해해?"

"이건 이해가 아니라, 말도 안 되는 거잖아. 당장 그만둬. 말도 안 되는 비서 일!"

"그리고 지금 전화한 사람, 내가 만나봐야겠어."

구구절절 맞는 말만 하는 아내. 나는 얼굴이 화끈거리고 온몸에서 식은땀이 났다. '그만두라는 말', '배씨 만나서 가만히 있지 않을 거라는 말'은 화가 나서 그냥 하는 말이 아니었다. 아내는 쉽게 말을 입 밖으로 내는 사람이 아니며, 말을 하면 그대로 하는 사람이었다.

나는 장모님과 어머니 이야기를 꺼내며 "그분들 걱정하실 거다. 지금은 참아야 한다"고 설득했다. 차 안에서 30분 넘게 진땀을 흘렸다. 그런 와중에도 배씨는 또 내게 전화해 이재명 지사 수내동 자택에 올릴 소고기 이야기를 했고, 역시나 소리 지르며 해결하라고 독촉했다. 더 이상 참지 못한 아내가 큰 소리로 소리쳤다.

"누군데 소리를 질러? 어?"

결국 소고기는 다른 곳에서 사기로 하고 배씨와 전화를 끊었다. 하지만 아내를 설득하는 일이 남아 있었다. 집으로 돌아가 밤새 아내를 설득했다. 아내는 완고했다. "비서 그만둬라, 사람으로 그런 대우를 받으며 일하는 것은 누구도 하지 않아야 할 일이며, 심지어 자기 남편이 그런 대우를 받는다는 건 참을 수 없다"고 강단 있게 이야기했다.

＊ ＊

나는 가장이었다. 어떠한 일이 있어도 내 가족들을 지켜내고 싶었다. 나 스스로를 끝없이 설득했다. 내가 무엇을 잘못했기에 그만두어야 하는가? 너무 억울했다. 버텨야 한다. 코로나19로 미뤘던 결혼식도 치러야 했다. 선택의 여지가 없었다. 경기도청을 계속 다니는 것으로 아내를 밤새 설득했다. 아내는 나에게 한 가지 제안을 했다.

"당신이 이런 갑질을 당하면서 일하는 건 더 이상 안 된다!"

배소현과 나 사이에 일어나는 모든 일을 기록해야 한다고 말했다. 나중에 배씨와 담판을 지으라는 것이었다. 다시는 부당한 대우를 하지 못하게 증거를 가지고 직접 부딪치라고 말했다. 잠깐 망설였지만 받아들였다. 아내의 제안은 합리적이었다. 일은 하되, 배소현과의 담판은 꼭 필요했다. 나는 이런 이유로 배씨와의 통화를 녹음했고, 배씨와 일로써 접촉하는 과정들을 기록하기 시작했다.

나는 녹음과 기록을 하면서도 배씨와의 담판을 뒤로 계속 미루었다. 선뜻 용기를 내지 못했고, 배소현과 대면해서 항의하지 못했다. 비겁했다. 우유부단했다. 직장에서 같이 일하는 상사, 특히 내 목줄을 쥐고 있는 사람에게는 적대적인 행위이기 때문이었다. 일하는 와중에 나를 너무 심하게 대할 때면 참다 참다 '그만하시라'는 말을 서너 차례 하는 정도가 최선이었다.

시간이 흘러 더 이상 미룰 수 없는 상황, 참는 데 한계가 왔다. 나는 무겁고 의미심장한 말투로 배소현에게 전화했다. '만나서 이야기하고 싶다'고 반복해서 말했다. 점심시간 즈음 배씨가 나타났다. 나는 배씨를 관용차에 태웠다.

"바빠 죽겠는데, 뭐 때문에 오라고 하는 거야?"

차에 타자마자 또 핀잔이다. 경기도청 뒤편 한적한 도로로 나갔다. 차를 세웠다. 아내를 떠올리며 마음을 다잡았다.

"지금까지 저에게 갑질한 것, 더 이상은 하지 않았으면 좋겠습니다."

"내가 언제 그랬어?"

나는 배소현에게 지금까지 통화, 대화 모두 녹음 기록해 놨다고 이야기했다. 순간 얼굴이 일그러졌다. 그러면서 나에게 말했다.

"네가 그렇게 하는 줄 내가 진즉에 알았어!"

진짜 알고 있어서 이야기하는 것 같지는 않았다. 당황했을 것이다. 나에게 그런 모습 보이는 게 '자존심' 상해서 일부러 강한 척하는 분위기였다.

"그래서 어쩌라고?"

으름장을 놓는 배씨에게 말했다.

"이걸 가지고 어떻게 하려고 그러는 거 아닙니다. 단지 앞으로 나에게 안 그랬으면 좋겠습니다. 잘 지내고 싶습니다."

잠깐 생각하던 배소현은

"나와 잘 지내고 싶으면, 녹음했던 거 다 지우고 다시 이야기 해!"

기가 찼다. 이 순간에도 어떻게든 '슬쩍' 넘어가려는 심산이다. 나에게 미안한 마음은 눈곱만큼도 없었다. 하지만 내가 녹음한 게 배신이라고 생각하는 게 분명했다. 자존심 구기기 싫고, 어떻게든 녹음을 다 지우고 싶어 하는 것 같았다.

"앞으로 안 그런다고 확답을 주면 생각해보겠습니다."

"녹음 지우면 생각해볼게."

어처구니가 없었다. 잘못을 저지른 사람이 오히려 조건을 걸면서 '네가 이렇게 하면 내가 생각해볼게'라고 하는 것이다. 상식적이지 않은 사람이라는 것은 알았지만, 이 정도일 거라고는 예상하지 못했다.

"할 말 다 했지?"

차에서 도망치듯 내리는 배소현을 보며 화가 났다. 한편으로 마음속에 있는 할 말을 해서 후련하기도 했다. 앞으로는 최소한 '조심이라도 하겠지'라는 일말의 기대도 있었다. 갑질을 멈추라고 이야기한 것은 이번이 처음이 아니었다. 세 번 정도 '그만하시라' 이야기했다. 그럴 때마다 "나에게 적응하지 못할 거면 너와는 일할 수 없으니, 다른 데로 가라"라고 대꾸했다.

"무조건 맞추라."
"너에게는 선택의 여지가 없다."
"비서 일은 원래 그런 것이다."
"나에게 맞추지 못하는 것은 네 잘못이다."

말하기 전보다 더 불편해졌다. 하지만 티 내지 못했다. 지금 생각해보니 그때부터 배씨는 나에게 최소한의 일만 시켰던 것 같다. 배씨의 입장에서 내가 항명 내지는 반란을 한 것이라고 생각한 듯하다. 최소한의 정상적인 관계를 바랐던 내 생각이, 배소현에게는 불편한 상황일 뿐, 그 이상도 그 이하도 아니었다.

그래도 나는 업무 지시를 배소현에게서 받아야 하는 상황이었다. 김혜경씨 관련된 일과 지시를 배씨를 통해 받아야 했다. '지사님팀'과의 업무 조율 역시 김혜경씨에게 확인받아야 할 일이 대부분이어서, 배씨를 통하지 않으면 안 되는 일들이었다. 배씨도 법인카드를 사용해 수내동 자택에 초밥, 소고기, 백숙, 샌드위치, 과일 등을 올리려면, 나를 통해야 하는 상황이었다. 불편했지만, 어찌 되었든 일을 해나갔다. 나는 배소현과의 관계를 좋게 하기 위해 애쓰는 수밖에 없었다.

← 배 소현
　　최근에 접속함　　　　📞　⋮

오전 10:51 ✓✓

전복장도 냉동이라 연회실 냉동실에 보관하겠습니다
　　　　　　　　　　　　　　　오전 10:52 ✓✓

조 명현
미역하고 한우 메뉴는 어떻게할까요
선결재 해놓아줘 김연수로　오전 11:15

여쭤보고 정할게　오전 11:16

점심밖에 안되니 ㅠㅠ　오전 11:16

네 한우는 12만원 짜리가 갈비 두팩 사태국거리
1팩해서 1.7킬로 짜리 있다고합니다　오전 11:17 ✓✓

포장되어있는것만 판매하고 금액 맞춰서 작업은
안된다고 합니다
　　　　　　　　　　　　　　　오전 11:17 ✓✓

메뉴 사진 잇니?　오전 11:17

ㅇㅇ　오전 11:17

전화통화만했고 가서 사진 찍어서 보내드리겠습니다
　　　　　　　　　　　　　　　오전 11:18 ✓✓

ㅇㅋ　오전 11:18

케익 꽃바구니 주문은 어떻게 할까요　오전 11:20 ✓✓

보들미역 선결재했습니다　오후 12:22 ✓✓

ㅇㅋ　오후 12:43　　　　　　　　　　　⌄

😊　메시지　　　　　　　　　　　📎　📷

ⅠⅠⅠ　　　　○　　　　‹

SKT 6:11   📱 📶 🔋 38% 🔋

배 소현
최근에 접속함

능이백숙집 가면 7시 10분입니다   오후 6:08 ✓✓

○○ 오후 6:09

백숙 픽업해서 댁으로 가고 있습니다   오후 7:15 ✓✓

오후 7:16 ✓✓

우린 30분후 도착   오후 7:16

그럼 댁앞에 올릴까요   오후 7:17 ✓✓

경비실에 같이 맡겨놔줘   오후 7:17

네   오후 7:17 ✓✓

😊 메시지   📎 📷

||| ○   ‹

06

내가 행한 업무가
'불법 의전'이라니

2021년 이재명 경기도지사가 더불어민주당 대선 후보가 되었다. 2021년 국정감사가 끝나고 10월 25일 지사직을 사퇴했다. 별정직 '어공'인 나도 당연히 퇴직이었다. 하지만 나는 퇴직 후에도 이재명 전 지사의 캐리어 정리 등 업무를 계속했다. 그렇게 한 달 정도 지났다. 한 달을 더 일했지만, 월급은 지불되지 않았다.

그러던 중 2021년 12월 언론을 통해 '김혜경씨 불법 의전' 보도를 접했다. 내가 했던 일이 '불법 의전'이라는 뉴스를 보게 된 것이다. 순간 강한 충격을 받았다. 경기도지사 이재명 비서로서 '사모님팀'에서 근무할 때는 당연하게 생각했던 일들이었다. 성남문화재단에서 일할 때부터 너무나 당연하게 보아왔고, 또 김혜경씨가 받아왔던 일들이다. 음식 올리는 것(성남시장 시절에 배소현이 가끔 포장하는 것을 보았다)도, 관용차에 배씨가 의전하고 김혜경과 다니던 것도 10년 넘게 보아온 나에게는 불법이라는 인식 자체가 없었다.

내가 경기도청에 들어갈 때도 배소현은 '사모님 모시는 일'이라고 나에게 일을 제안했고, 경기도청에 들어와서도 '사모님팀'이라는 말을 들으며 의전팀에서 제공한 법인카드와 각종 편의를 내가 직접 보고 또 직접 전달도 했다. 누구 하나 잘못된 일이라고 문제 삼지 않았던 일이다. 나는 내가 하는 일이 비서진이 당연히 해야 하는 일들로만 생각했다.

김혜경씨에게서 직접 들은 이야기도 이런 인식에 한몫했다. 한번은 김혜경씨를 굿모닝하우스(경기도지사 공관)에서 수내동 자택으로 관용차(그랜저)를 이용해 데려다준 적이 있다. 김혜경씨가 공관에서 하루 머물다가 수내동 집으로 돌아가는 날이었다.

김혜경씨는 공관에 올 때 캐리어를 끌고 왔다. 캐리어 안에 입을 옷들을 가지고 다니는 듯했다. 그리고 공관에서 나갈 때는 끌고 온 캐리어에 공관 냉장고에 있는 모든 음식을 쓸어 담아 넣고 수내동 자택으로 가져갔다. 이재명 지사를 위해 준비한 샌드위치부터 낱개로 포장된 과일, 심지어 계란까지. 김혜경씨가 왔다가는 날이면 굿모닝하우스 냉장고는 텅텅 비었다. 배소현은 김혜경씨가 공관에 올 때마다 나에게 말했다.

"냉장고에 과일을 많이 채워두지 말라. 다 가지고 가니, 적당히 넣어 둬라."

나는 그날도 공관 냉장고에 있는 음식들을 다 챙겨서 김혜경씨 캐리어에 담아, 관용차에 싣고 대기했다. 긴장된 마음으로 수내동 자택으로 출발했다. 운전병 출신인 나는 최대한 '꿀렁'거리는 일 없이 운전하려고 노력했다. 김혜경씨는 뒷자리에서 이재명 지사 관련 유튜브를 보고 있었다. 그러던 중 나에게 말을 걸었다.

"운전을 굉장히 잘하시네요! 잘 지냈어요?"

거기에 회심의 말을 남겼다.

"비서가 생각보다 지저분한 일이 많아요."

나는 열심히 하겠다고 대답했고, 운전에 집중했다. 김혜경씨가 덧붙였다.

"비서 하는 일이 보이는 것보다 자잘한(?) 일도 많고 쉽지 않아요."

갸우뚱했던 적이 여러 번 있었지만 정상적인 업무라고 생각했다. 의전 업무에는 그런 일이 많다고만 생각했을 뿐이었다.

불법 의전! 배소현이 나에게 시켰던 대부분의 일, 김혜경씨의 손발이 되어야 했던 그 모든 일들이 불법이었다니. 믿기지 않았다. 갑질을 견디고 버텨오면서 한 모든 것이 전부 잘못된 일이었다니, 식은땀이 났다. 이렇게 한심할 수가 있을까? 그걸 왜 몰랐을까?

경기도청 비서실 소속으로 '사모님팀'에서 일하며 각종 허드렛일을 도맡을 때만 해도, 나는 이 일이 말단 공무원이 으레 하는 것인 줄 알았다. 언론에서 김혜경 배소현 그리고 나의 행적을 문제시하고, 이재명 후보가 몰랐다며 거짓말하는 모습도 보았다.

내 눈앞에 벌어진 이 일들을 어떻게 설명해야 할까?

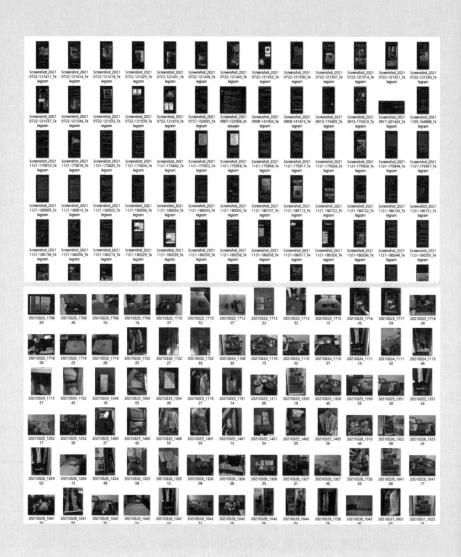

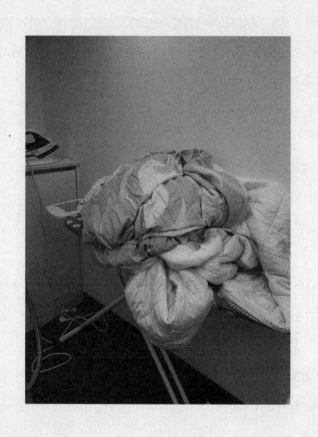

＊

아내에게 어렵게 이야기를 꺼냈다. 더듬더듬 지금까지 내가 했던 경기도청 비서 업무와 주변 상황을 설명했다. 내 이야기를 다 들은 아내는 담담했다. 크게 화를 내거나, 실망할 줄 알고 잔뜩 긴장한 나에게 이상할 정도로 차분하게 이야기했다.

"배씨 갑질은 화나는 일이다. 하지만 잘못된 일, 불법적인 일 안 하는 건 당연하다. 이 잘못된 일, 그냥 넘어가면 안 되는 거 아니냐?"

나는 내가 일을 못하게 된 상황을 아내에게 이야기할 생각만 하고 있었다. 아내는 생각의 크기가 달랐다.

"잘못된 일을 한 사람들이 대한민국의 대통령, 영부인이 되는 일은 있어선 안 된다!"

맞는 말이었다. 상상만으로도 끔찍했다. 거짓말을 너무 쉽게, 그리고 국민의 피땀 어린 세금을 자기 쌈짓돈 쓰듯 쓰는 사람들이 대한민국의 대통령, 영부인이 된다? 평범한 내가 생각해도 이건 너무 잘못된 일이다. 아니 그렇게 되어서는 절대 안 되는 일이었다.

'하지만 내가 무엇을 할 수 있을까?'

내가 맞설 상대는 우리나라 거대 여당 (당시까지만 해도) 대선 후보였다. 권력과 돈, 세력을 모두 갖고 있는 여당의 대선 후보를 상대로 할 수 있는 일이 있을까? 있다고 해도 내가 할 수 있을까?

순간 겁이 났다. 내가 이재명 후보를 상대로 반기를 들었는데, 그가 대통령이 된다면……, 내가 감당할 수 있을까? 아니 대한민국에서 살 수는 있을까?

짧은 순간 정말 많은 생각이 스쳐 지나갔다. 어떻게 해야 하는 걸까? 내가 무엇을 할 수 있을까? 내 머릿속이 하얗게 복잡해지고 있을 때, 아내는 명료했다.

"안 되는 건 안 되는 거다. 알면서 그냥 넘어갈 수는 없다."

이재명 더불어민주당 대선 후보 측근들은 일반적인 사람들과는 달랐다. 자신들의 이익에 반하는 사람들에게는 무서울 정도로 공격적이었다. 내가 그들 주변에 10년 넘게 있었고, 그동안 보아온 사람들이었다. 공포감이 피부로 전해졌다. 소름 돋았다. 내가 느끼는 이 두려움을 아내뿐 아니라 그 누구에게도 설명할 수 없었다.

며칠을 고민했다. 아내는 결정한 듯했다. 사실 나도 해야 한다는 결심은 했다. 하지만 뒷감당할 수 있을까?라는 생각이 나를 주저하게 만들었다.

4장

법카로 드신
'모닝 샌드위치 세트'의 비밀

07

수려한 공간에서 수행된
수치스러운 업무

경기도 7급 공무원의 비루한 주요 업무 중 하나는 굿모닝하우스, 즉 공관 또는 관사라 불리는 공간의 관리였다. 굿모닝하우스는 수원 팔달산 자락 그림 같은 하얀 집으로 불리는 경기도지사 공관이다. 그곳에 들어서면 잔디광장 사이로 흰색 건물 두 채가 마주하고 있다. 왼쪽은 단순하고 힘 있는 선으로 마무리한 탄탄한 2층 건물이고, 오른쪽은 부드러운 곡선이 기분 좋게 이어지는 1층 건물이다. 왼쪽 건물이 1967년에 지어진 뒤 경기도지사 공간으로 사용된 곳이다. 리모델링을 했다고는 하지만 요즘 지은 건물들에 전혀 뒤지지 않는 세련된 외양과 만듦새에 감탄하게 된다. 나는 하루도 빠짐없이 이 수려한 공간에 들렀다.

우선 굿모닝하우스에서 나와 함께 일하는 사람들을 소개한

다. 가장 수고로운 일을 하는 총무과 소속 청원경찰(청경) 분들이 있다. 그다음으로 의전팀의 황모 주무관, 장모 주무관이 있었다. 공관은 이재명 경기도지사가 생활하는 공간이다. 그곳에는 회의실도 있어 이재명 지사의 공적 모임을 하기도 했다.

7급 공무원, 나 조명현이 굿모닝하우스에서 하는 일상적인 업무는 이재명 경기도지사를 처음부터 끝까지, 머리부터 발끝까지, 입을 것 먹을 것까지 챙기는 것이었다. 일반적으로 '집사', 실제로는 '하인', 공식적으로는 '비서'였다. 이재명 지사가 공관에서 사용하는 생활용품(물품) 관리, 옷(셔츠, 양복 등) 관리 그리고 식사 챙기기를 했다.

나는 굿모닝하우스에 하루 최소 두 번은 가야 했다. 이재명 지사가 아침마다 먹는 '모닝 샌드위치 3종 세트', 즉 샌드위치 2개, 닭가슴살 샐러드, 컵 과일 2개를 올리거나 교체하고, 이재명 지사가 입는 옷을 수거해 세탁소에 맡기고, 예전에 맡겼던 세탁물을 찾아와 제자리에 걸어 놓는다.

＊

처음 배소현과 함께 굿모닝하우스에 갔을 때, 나는 엄청나게 긴장했다. 태어나서 처음 가는 공간, 처음 하는 일, 처음 보는 사람들. 정말 잘해야겠다는 생각으로 맡은 업무에 집중적으로 임했다. 굿모닝하우스에 도착해 청경들에게 첫 인사를 드렸다. 배소현은 어김없이 나에게 핀잔을 주었다.

"왜 네가 먼저 인사하느냐?"
"인사는 하되, 아랫사람처럼 보이면 안 된다."
"비서가 뛰면 안 된다."

그래서 다음에 갈 때는 가만히 있었다.

"싸가지 없이 왜 인사도 안 하느냐!"

사이코패스였다. 어느 장단에 춤을 춰야 할지 정신을 차릴 수 없게 만들었다. 굿모닝하우스 안에 들어가서도 일을 어떻게 하는지 이야기해주지 않았다.

"뭐하냐?"

"이리 와라."

"저리 가라."

내 정신을 쏙 빼놓았다. 욕을 먹으면 먹을수록 배소현을 그만큼 알게 되는 시간이었다. 배씨는 분명 귀찮았을 것이다. 전임자가 갑자기 그만둬서 나에게 이것저것 처음부터 하나하나 알려줘야 하는 상황이었는데, 그 자체가 짜증 나고 하기 싫었던 것이다. 하지만 내가 그것을 처음부터 알 턱이 없었다.

나는 아는 것이 없었기에 어쩔 수 없이 배소현에게 질문할 수밖에 없었다. 그리고 업무를 더 잘하기 위해서는 공관에서 일하는 사람들과 친해져야 했다. 나는 이런 데까지 배소현과 함께 다녀야 한다는 게 너무 불편했다. 그래서 마음먹고 결심했다.

'최대한 빨리 업무 파악을 해서 혼자 일을 해야겠다.'

* *

굿모닝하우스에서의 임무 수행 프로세스는 이랬다. 내가 관용차를 몰고 굿모닝하우스로 진입한다. 공관 일상 업무, 즉 공관 정리를 위해 공관 입구에 도착하면, 안에서 CCTV로 지켜보던 청경들이 나와 문을 열어준다. 나는 청경들에게 공손히 인사하고, 첫 번째 임무를 수행하기 위해 공관 2층 이재명 경기도지사 침실과 화장실로 간다. 세탁물을 확인하기 위해서다. 이재명 지사가 벗어 놓은 와이셔츠를 챙기고, 화장실 물품들을 확인한다. 청담동 일제 샴푸, 댕기머리 샴푸, 에르메스 로션, 면도기, 왁스 등이 제대로 있는지 챙기고, 그 안의 내용물 양도 체크한다. 그리고 배소현에게 사진을 찍어 보고한다. 첫 번째 미션 클리어!

두 번째 미션은 이재명 경기도지사 침실 앞 화장대에 있는 이재명의 당뇨약을 점검한다. 그곳에는 당뇨약이 아침, 점심, 저녁 두 알씩 총 여섯 알이 비치되어 있어야 한다. 아침에 이재명 경기도지사가 약을 먹고 출근하면 여분의 약으로 다시 채워놓아야 한다. 또한 어깨 통증으로 정형외과에서 처방받은 약도 항상 확인하고 제자리에 놓아두어야 한다.

세 번째 미션이다. 2층 주방으로 간다. 식탁 위에도 당뇨약을 비치해 두어야 한다. 이재명 경기도지사는 침실에 있는 당뇨약, 식탁 위에 있는 당뇨약 중에 하나를 챙겨 먹는다. 그리고 식탁 위에는 당뇨약과 함께 바나나 두 개, 견과류와 단백질 바, 과자

등이 항상 구비되어 있어야 했다. 이것들은 경기도청 안에 있는 매점에서 구매하는데, 비서실용 장부에 달아놓는다.

그리고 냉장고 체크. 이곳에는 샌드위치 두 개, 닭가슴살 샐러드 한 개, 컵 과일 두 개, 이른바 '모닝 샌드위치 3종 세트'를 줄 맞춰 가지런히 잘 진열해놓아야 한다. 냉장고 진열 장면 역시 배소현에게 일일이 사진 찍어 보고했다. 줄이 삐뚤어지면 바로 즉시 배소현의 거친 '태클'이 들어온다.

여기에 이재명 경기도지사가 먹는 과일, 즉 산딸기나 블루베리를 깨끗이 세척한 락앤락 반찬통에 소분해 놓아야 하고, 냉장고 맨 아래 야채칸에는 이재명 지사가 먹을 사과, 복숭아를 깨끗이 씻어서 지퍼 팩에 하나씩 잘 넣어두어야 한다. 과일 포장과 배치 역시 사진을 찍어 배소현에게 검사받아야 했다.

이상한 점이 한 가지 있었다. 냉장고에는 각종 음료수, 맥주, 숙취 제거 음료도 있었다. 그런데 이것들은 총무과 의전팀에서 채워둔 것이다. 왜 냉장고 물품을 구매해 채워놓는 일을 비서실과 총무과 의전팀이 나눠서 하는 것일까? 이해가 안 되었다. 짐작하건대 냉장고 업무(?) 자체를 의전팀에서 하기 싫었거나, 이재명 경기도지사 질타를 받을 수 있는 영역이었기에 의전팀에서 나 같은 '어공' 비서들에게 떠넘긴 것 같았다.

* * *

화제가 된 이재명 경기도지사의 '모닝 샌드위치 3종 세트'는 경기도청에서 차로 10여 분 거리에 있는 카페에서 주문한다. 수원 장안동에 있다. 이 가게에 비치되어 있는 경기도 총무과라고 적힌 수첩에 매일 구매한 금액과 내 이름을 적는다. 대략 한 끼 3만 원. 한 달 1백만 원 이상이었다.

'이렇게 매일 먹으면 물릴 것도 같은데 괜찮을까?'

이재명은 내가 근무하는 동안 매일 이 샌드위치를 먹었다. 샌드위치를 좋아해서라기보다 당뇨가 있어 음식 조절용이었던 같다. 특히 샌드위치 안에 들어 있는 야채는 이재명 지사가 원래보다 양을 두 배로 늘려달라고 직접 지시했다. 나는 샌드위치 가게에 가서 야채 양이 두 배인 샌드위치 주문이 가능한지를 물었고, 샌드위치 가게는 흔쾌히 요구를 들어주었다(대신 1천 원 추가하는 조건). 이렇게 샌드위치의 내용물까지도 이재명 지사는 자신의 입맛에 맞게 주문했다.

'모닝 샌드위치 3종 세트'의 결제는 카페 가게에 경기도청 총

배 소현
최근에 접속함

오후 3:01 ✓✓

비서관님 오후 3:28

넵 오후 3:28 ✓✓

잠깐 나오실래요 오후 3:28

넵 오후 3:28 ✓✓

오후 3:46 ✓✓

네네 오후 3:46

과일 4 샐러드 4 호밀4 호밀과일세트 4 오후 3:46 ✓✓

도착했습니다 오후 3:

일단 브엌에 치으는거 도아드리세요

메시지

무과라고 적혀 있는 장부에 기록한다. 그러면 샌드위치 가게 직원이 경기도청 총무과 의전팀 6급 황모 주무관에게 직접 가서 법인카드로 결제받았다. 이 법인카드 결제와 관련해서 배소현과 총무과의 갈등도 있었다. 총무과 의전팀 소속 황모 주무관과 배소현의 사이는 정말 좋지 않았다.

어느 날 하루는 황모 주무관이 엑셀로 샌드위치 결제 금액 몇 달 치를 정리해왔다. 하루 약 3만 원, 30일을 먹는다고 하면 90만 원가량 되어야 하지만, 수내동 이재명 지사 자택으로 올라가는 상당량의 샌드위치 때문에 금액은 항상 150만 원 내외였다. 이에 황모 주무관은 '사실상의 압박'을 위해 배소현에게 엑셀로 금액을 정리해온 것이다. 배소현은 평소 자기보다 직급이 낮은 6급 황모 주무관이 고분고분하지 않은 것을 못마땅해 왔는데, 이 일을 계기로 거의 폭발하다시피 황모 주무관을 싫어하게 되었다. 이에 나는 배소현에게 말했다.

"그렇게 불편하시면 비서실장님께 이야기해서 황모 주무관의 일을 의논하시면 어떨까요?"

배소현의 대답이 걸작이었다.

"그 XX~ 마음 같아서는 다른 곳으로 보내버리고 싶은데, 의전 팀에 근무하다가 다른 팀으로 가게 되면 승진해서 가야 하거든. 그 XX~ 승진하는 꼴은 절대 볼 수 없어!"

굿모닝하우스뿐만 아니라, 이재명 지사가 서울 출장을 갈 때는 당일 카페에서 구입해 내가 직접 이재명 지사가 숙박하는 호텔에도 같은 샌드위치를 공수해서 가져다 두어야 했다. 출장지가 먼 지방일 경우를 제외하고는 늘 먹던 샌드위치를 먹어야 했다.

이재명 지사는 야채에서 나온 물기에 샌드위치 빵이 눅눅해지는 것을 극도로 싫어했다. 해서 어쩔 수 없이 먼 곳으로 출장 가는 경우에만 현지에서 샌드위치를 마련했다. 개별포장된 과일은 이재명 지사 출장지에 아이스박스에 넣어서 보냈다. 이재명 지사는 식사에 관해서는 그 어떤 공직자보다 까다로운 사람이었다.

이재명 경기도지사는 또한 샌드위치가 늘 새로 교체되었는지를 확인했다. 샐러드, 과일, 샌드위치 순서로 놓는데 안 먹고 그대로 남아 있으면, 다음 날 새것임을 표시하기 위해서 새로운 샌드위치를 맨 앞자리로 이동해 위치를 바꾼다. 그다음 샐러드를 놓는다. 나름대로 규칙을 정한 것이다.

산딸기, 사과 등 과일은 경기도청 아래쪽 시장에 있는 과일가게에 가서 결제 없이, 가게 사장님에게 요청한다. 원하는 과일을 원하는 만큼 내준다. 가게 사장님이 매달 경기도청에 와서 결제를 받았다. 샌드위치 가게는 장부에 금액과 품목을 적고, 내가 직접 '사인'하는 시스템이었다. 하지만 과일가게는 이런 장부도 쓰지 않았다.

이재명이 아침 식사로 당연히 호밀빵 먹을 수도 있고 과일 먹을 수도 있고 취향 따라 먹을 수 있다. 그런데 이상했다. 경기도지사라는 공적 신분인 사람의 아침을 왜 비서인 내가 매일매일 챙겨주어야 하는 걸까? 비서의 업무 범위 안에 '지사 아침 챙기기'가 들어가 있을까? 공무원 중 비서 일하는 사람들은 나 같은 일을 하는 것일까? 경기도 7급 공무원이 전적으로 이재명 아침 식사를 챙기고, 또 출장지에서까지 지사의 아침 식사를 챙기는 것. 이 업무 자체가 문제 될 수 있는 것은 아닌가?

더구나 '이재명 모닝 샌드위치 3종 세트'의 비밀인 아침 식사 비용도 문제였다. 자기 돈으로 사 먹는 거, 누가 뭐라고 할까. 아침밥 당연히 자기 돈으로 사 먹을 권리가 있다. 이해 안 되는 게, 이 아침 식사 비용을 매번 경기도비로 결제한다는 것이다. 왜 이재명 경기도지사의 아침 식사 비용을 경기도민의 세금으로 내

야 하는가?

이재명은 경기도지사, 성남시장 할 때 화장실마다 '부패 지옥'
이란 글자를 써 붙여 놓았다. 공무원들에게 "절대 부패하지 말
라, 돈 받지 말라"고 말했다. 다른 사람한테 돈 받은 것은 문제 되
는데, 경기도에 있는 국고를 자기 아침밥을 위해서 쓴다? 문제
있는 것 아닌가.

참 의아하고, 참 기묘한 풍경이다. 경기도지사는 경기도민의
선택, 선거를 통해 선출되었다. 경기도민의 주권을 대리하는 권
한을 위임받은 공적 인물이다. 그러면 공적 권력을 공공의 목적
에 부합하게 쓰라고 경기도지사에게 잠시 맡긴 게 아니겠는가?
그런데 사적 남용을 하고 있었다. 더 놀라운 것은 경기도지사라
는 공적 권한을 이렇게 사적으로 남발하는데, 아무런 죄의식 없
이 아무런 미안함 없이 썼다는 것이다. 당시, 그리고 지금, 이재
명과 김혜경, 배소현은 공과 사에 대한 구분이 과연 있었던 것일
까? 근본적인 회의가 들었다.

08

이재명의 속옷, 양말
그리고 이불 빨래

샌드위치, 과일, 약 등을 채워 넣고 굿모닝하우스의 관리 즉, 청소 상태를 확인한 뒤에 내가 또 처리하는 업무는 빨래다. 이재명 경기도지사 침실에 있는 옷장 속의 속옷과 양말을 거두어 세탁한다. 원래는 김혜경씨가 와서 공관의 세탁기로 속옷, 양말, 수건을 빨았고 건조기로 건조시킨 후 넣어놓았다. 나는 넣어놓은 빨래를 잘 개서, 있어야 할 곳에 비치하는 일을 했다. 세탁물의 경우 김혜경씨는 와이셔츠 외에 다른 건 만지지 못하게 했다.

그런데 김혜경이 굿모닝하우스에 오는 날은 가물에 콩 나듯 했다. 이렇게 되면 갈아입을 속옷과 양말이 부족하게 된다. 배소현은 나에게 이재명의 양말과 속옷 빨래를 지시했다. 세탁물은 신속 코스로 돌려야 했다. 빨래가 돌아가는 동안 공관 정리하고,

속옷과 양말을 건조기에 넣고 건조시키는 동안, 공관에서 차로 20분 거리의 세탁소로 가서 세탁물을 맡기거나 찾아왔다. 말이 좋아 공관 관리이지, 실상은 가사도우미와 다름 없었다.

이런 일이 일상적인 공관 정리 업무였다. 그 외에 공관 회의실에서 이재명 경기도지사가 모임 하거나 식사를 하는 경우도 두세차례 있었다. 이때 다과를 준비하는 일도 나와 배소현의 업무였다. 식사하는 경우 의전팀에서 외부에서 사와 공관에 있는 그릇에 담아 내놓거나, 출장 뷔페를 부르기도 했다.

의전팀은 자질구레한 서빙을 '사모님팀'인 나와 배소현이 해주기를 바랐다. 의전팀은 보이지 않는 데에서 지원하고, 나와 배소현이 앞에서 나서는 일을 하게 해, 혹시 생길지 모를 이재명의 불호령을 피하고 싶어 한 것 같다. 하지만 배소현 생각은 달랐다. 어차피 음식 준비 때문에 의전팀이 나오니, 의전팀에서 모든 일을 맡아주기를 원했다.

휴일이었다. 굿모닝하우스에서 이재명 경기도지사가 식사 모임 후 차를 마시는 자리가 있었다. 배소현은 당연히 나오지 않았다. 나에게 지시만 했다. 내가 휴일 공관으로 출근해야만 했다. 의전팀의 황모 주무관, 장모 주무관이 공관 주방에 있었다.

식사를 마치고 공관 대회의실 밖 잔디 테라스에서 담배 피우

배 소현
최근에 접속함

받아서 책상위에 세팅하겠습니다 오전 9:38 ✓✓

하는김에 출장잠옷도 세탁해 오전 9:38

네 알겠습니다 오전 9:38 ✓✓

건조기 돌려놓고 세탁소 다녀오겠습니다 오전 9:39 ✓✓

○○ 오전 9:40

오전 9:40 ✓✓

커테이너 현재상태입니다 오전 9:40 ✓✓

메시지

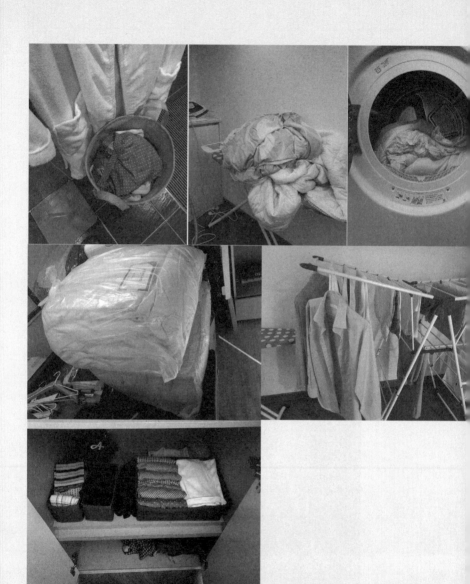

고, 차를 마시며 이재명 경기도지사가 손님들과 이야기를 나누고 있었다. 주문한 차와 재떨이를 가져다주어야 했는데, 의전팀 황모 주무관이 그 서빙을 나에게 부탁했다. 나는 출근한 지 며칠 되지 않아 미숙했는데, 황모 주무관의 부탁(?)에 서빙을 했다. 식사 모임이 끝나고 마무리까지 마친 뒤 배소현에게 보고하면서, 서빙 이야기를 했다.

"너는 비서실 소속이라고!"
"네가 뭔데 우리가 만들어 놓은 기강을 무너트리느냐."
"지사님 앞에서 얼쩡거리고 싶었던 거 아니냐?"

휴일 근무로 지친 상태여서 '수고했다' '애썼다'라는 말을 들어도 시원치 않을 판이었다. 나에게 돌아온 건 고함과 윽박지름이었다. 막말이 30분 이상 쏟아졌다. 지금도 왜 그렇게 욕을 먹어야 했는지, 내가 도대체 무엇을 잘못했는지 아직도 납득되지 않는다. 모멸감에 몸이 떨렸다. 참을 수 없이 화도 났다.

*

　경기도 7급 공무원의 굿모닝하우스 업무 중 간과할 수 없는 업무가 하나 더 있다. 그것은 이재명 경기도지사가 서울 또는 지방으로 출장 갈 때, 출장 캐리어를 챙기는 일이다. 이재명 지사가 쓰는 빗, 왁스, 샴푸, 전기면도기, 로션, 속옷, 양말, 당뇨약, 어깨 통증약까지 공관에서 사용하는 물품을, 복사해서 붙여넣기 하듯, 캐리어에 한 세트를 넣어서 준비해야 했다. 여기에 출장 스케줄에 맞춰서 입을 양복과 와이셔츠 두 벌(흰색, 파란색)까지 챙겨야 했다. 게다가 출장 가는 당일에는 아침에 먹을 '이재명 모닝 샌드위치 3종 세트'까지 공관에서 먹는 그대로 챙겨서, 의전팀에게 전달해야 했다.

　사고가 발생했다. 이재명이 먹는 당뇨약 중 약국의 실수로 한 종류가 빠져 있었다. 다량의 약 중 한 알이 빠져 있었던 것이다. 지사가 출장 간 바로 그날, 내 전화기는 불이 났다. 배소현에게 엄청난 양의 전화와 텔레그램이 왔다.

　이재명 경기도지사가 약 때문에 수행팀에게 무척 화를 냈던 모양이다. 이 사건을 수행팀이 배소현에게 전했고, 배씨는 당연히 나에게 닦달한 것이다. 이재명 지사가 타고 다니는 차량에는

배 소현
최근에 접속함

오후 4:44

공관 트렁크 정리 완료했습니다 오후 4:44

속옷 2팩이야? 오후 4:46

네 오후 4:46

약 4일치 오후 4:46

ㅇㅇ 오후 4:46

칼이 안보이네 오후 4:46

칼도 넣어두었습니다 오후 4:46

ㅇ 오후 4:47

영수증 전달했습니다 오후 4:

여분의 당뇨약이 항상 비치되어 있었다. 당뇨약 한 알이 빠져 있으면, 차에 비치된 약을 먹으면 되는 것이다. 이게 이렇게 큰일인가?

캐리어 내용물을 챙길 때도 속옷과 양말은 하나의 지퍼 팩에, 빗과 면도기 등은 다른 지퍼 팩에, 그리고 로션 등은 다른 지퍼 백에 넣어야 했다. 그리고 그 내용물 사진을 찍어서 배소현에게 확인받았다. 출장 캐리어를 챙기는 일이 이토록 어렵고 긴장되는 일이 될 줄 몰랐다.

'쿠팡물류센터 화재사건'이 일어났던 때였다. 그 시간 지방 출장이 잡혀 있던 이재명 지사는 출장 일정을 축소해서 올라왔다. 그 와중에도 황교익씨와 '떡볶이 먹방'을 촬영한 뒤 뒤늦게 경기도지사 공관으로 돌아오게 되었다.

이재명 지사가 출장 가면 샌드위치를 챙겨가기 때문에, 다음 날 아침 공관에서 먹을 샌드위치는 당연히 채워두지 않았다. 그런데 이재명 지사가 예정보다 일찍 경기도로 돌아오면서 공관에 '샌드위치 3종 세트'를 준비해야 하는 다급한 사건이 발생했다. 샌드위치가 문제였다. 이재명 지사가 아침에 먹을 샌드위치가 공관 냉장고에 없는 것이다. 배소현은 이것 때문에 나에게 밤늦게 '폭풍 전화'를 했다.

어쩌겠는가. 샌드위치 가게가 문이 닫혀 있는 시간이다. 날 닦 달한다고 상황이 달라지지 않는다는 걸 뻔히 알면서도 배소현 은 밤늦게까지 나에게 전화를 계속했다. 결국 배소현이 직접 다 른 샌드위치를 사서 굿모닝하우스 냉장고에 넣었다. 나는 경기 도 광주가 집이었고, 배소현은 수원 광교였다. 굿모닝하우스까 지 배소현은 20분, 나는 1시간 30분 이상 차로 달려야 하는 거리 였다. 누가 이 샌드위치를 챙겨야 할까? 그렇게 샌드위치를 넣 어둔 배소현은 내가 할 일을 자신이 대신해준 거라며 생색을 내 었고, 더불어 짜증까지 쏟아부었다.

"전화 대기는 24시간 해야 한다."
"비서는 그래야 한다."
"자다가도 전화 받아라!"

* *

2021년 더불어민주당 대통령 후보 경선이 시작되었다. 유력 후보 중 하나였던 '이재명 경기도지사의 지사직 유지 괜찮은 가?'에 대한 이야기가 언론과 민주당 등 여기저기에서 흘러나왔다. 이재명이 대선 후보로 경선에 참여하는 것은 나에게는 불안한 상황이었다. 하지만 나의 바람과 상관없이 이재명 경기도지사는 대선 후보 경선에 참가했고, 심지어 우세하기까지 했다.

나는 '어공'이다. 이재명 경기도지사가 그만두면, 나 역시 퇴직이었다. 내 직장이 위태위태해지고 있었다. 이런 와중에 이재명 지사가 도지사직을 내려놓고 경선에 참여한다는 소식은 내게는 시한부 선고 같은 일이었다. 불안한 마음에 배소현에게 조심스레 물어보았다.

"앞으로 어떻게 될 것 같아요?"

"글쎄 나도 잘 모르겠는데."

배소현은 쉽게 직을 내려놓지 않을 거라고 했다.

"왜죠?"

경기도지사직을 유지하고 있으면 이용할 수 있는 여러 이점이 있었다. 이재명 지사가 마음대로 가용할 수 있는 인력이 있다. 경기도청 내에는 도지사가 직접 채용한 인력이 90~100여 명 있다고 배소현에게 들었다. 이 사람들을 선거운동에 다 투입시킬 수는 없었다. 또 경기도지사를 하면 공식적인 지사 활동하면서 언론 노출도 자연스럽게 할 수 있었다.

여기에 비용까지 절감할 수 있다. 경기도지사 이재명이 움직이면 돈이 든다. 경기도지사로서 활동할 때는 경기도청에서 비용을 지불한다.

대선 후보 경선 중 이재명 지사가 서울에 출장 가서 숙박했을 때, 숙박 비용 및 경비 모두 경기도청에서 지불한 것으로 알고 있다. 과연 경선 중 서울 출장이 경기도정을 위한 출장일까? 경선에 관련된 걸까? 정확하게 구분이 가능할까? 이재명 지사 측에서는 도정 업무라고 주장할 것이다. 그것을 누가 확인할 수 있을까?

이렇게 단순하게 생각해도 경기도지사 업무를 수행하면서 경선에 참여하는 게 여러모로 유리하다. 만약 경선에서 떨어져도 다시 경기도지사로 돌아와 직을 수행하면 되는 일이니 말이다.

불안해하는 나에게 조금 반가운 소식이 들려왔다. 이재명 지사가 국정감사를 받고 사퇴하겠다는 이야기가 언론을 통해서 흘러나왔다. 명분은 '끝까지 도정을 책임지고 나간다'였다. 나의 직장 생명이 약간 연장되었다.

이 소식을 듣고 반가워했던 건 나뿐이 아니었다. 경기도청 공무원들도 환영하는 분위기였다. 특히 의전팀 공무원들이 좋아했다. 의전팀에서 쓴 경비 때문일 것이다. 국정감사에서 경기도지사가 쓴 비용에 대한 감사, 또 이재명 지사의 연가 등에 대해 이재명 지사가 직접 방어하는 것과 이재명 지사가 없는 상태에서 담당 공무원들이 답변하는 것은 천지 차이다.

배소현은 나에게 이재명 경기도지사가 대선에 나가는 게 싫다고 말했다. 속으로는 좋아했을지 모르지만, 나에게는 여러 차례 그렇게 표현했다. '왜 그러냐'고 물어보니, 배소현은 선거를 치러보면 안다면서 자신이 겪었던 선거 이야기를 했다. 성남시장 선거 2번, 경기도지사 선거 1번, 국회의원 선거까지. 새벽부터 다음 날 새벽까지 정신없이 돌아다녀야 하는 시장, 국회의원, 경기도지사 선거운동이 너무 힘들고 어려운데, 대선 선거운동은 전국을 돌아다니면서 해야 한다. 그 생각을 하니 정말 끔찍하다고 했다, 그것도 김혜경과 함께.

배소현은 나에게 김혜경을 '진상'이라고 부르기도 했다. 나에게 그토록 까탈스럽게 굴면서 쪼아대는 배씨가 했던 이야기 중 인상적인 말이 있다.

"내가 '진상(김혜경)'에게 당하는 거에 비하면, 너는 아무것도 아니다."

이 말을 듣고 김혜경씨는 배소현보다 더 한, 쉽지 않은 사람일 거라고 짐작했다.

이재명 경기도지사가 대선 후보로 확정된 뒤 '어공'들의 퇴직 분위기는 급물살을 탔다. 비서실 수행비서들은 경선을 치르면서 모두 퇴직했다. 비서실에서 김현지, 배소현, 채모 비서, 그리고 나만 남아 있는 상태였다. 먼저 퇴직한 수행비서 김모 비서는 배소현에게 빨리 퇴직하고 김혜경과 함께 선거운동을 하라고 재촉했다. 배소현은 최대한 늦추려 했다. 김혜경과 선거운동 다니는 걸 최대한 뒤로 미루고 싶어 했다.

배소현은 나를 맨 마지막까지 경기도청에 남겨두었다. 그 이유는 법인카드 때문이었다. 배소현은 자신이 퇴직한 이후에도 나에게 여전히 텔레그램으로 예전과 똑같은 업무 지시를 했다. 경기도 법인카드를 받아오라고 했고, 배소현은 그 법인카드로 김혜경의 선거운동 관련 일에 긁었다. 2021년 국정감사가 끝난 후 이재명은 경기도지사에서 물러났다. 그와 동시에 나 역시 경기도 7급 공무원 업무를 종료했다.

5장

나, 공익제보자 조명현!
운명에 맞서다

SKT 6:09 🔇 ᐧ 37% ▲

← 배 소현
   최근에 접속함
                                    📞 ⋮

                        배 소현
                        낼 내가 전화할게 주문 해줘
                        네   오후 6:21 ✔✔

점심 성남에서 하실 예정이신가요? 오후 6:25 ✔✔

수원에서 할게 오후 6:25

                              네 오후 6:25 ✔✔

노차관과 이야기했습니다 오후 6:32 ✔✔

○○ 오후 6:33

                              오후 6:50 ✔✔

😊 │메시지   📎 📷

    ‖‖‖   ◯   ❮

09

공익제보자가 견뎌야 할
서글픈 운명

2022년 1월, 나는 거대 여당 더불어민주당 대통령 후보 이재명을 상대로 '싸움'을 시작했다. 나 같은 평범한 일개 개인이 대책 없이 스피커 하나 들고 외칠 수만은 없었다.

'무엇을 어떻게 해야 하는 거지?'

혼자서 이리저리 갈팡질팡하기만 했다. 지난 2년 동안 서툴렀고 실수했고 상처받기도 했고, 나도 인지하지 못한 채 누군가에게 상처를 주었는지도 모른다. 지금은 다시 내 삶을 살고자 하는 생동감 있는 활기도 조금씩 천천히 찾아가려고 애쓰고 있다.

그때는 공익제보자가 겪어야 할 서글픈 운명에 대한 아무런

지식이 없었다. 공익제보자는 피해자인가? 정의로운 사람인가? 그때 몰랐던 것을 지금에서야 알았다.

나는 피해자도 정의로운 사람도 아니다. 나는 자기 삶을 하루하루 충실하게 사는 일개 평범한 시민일 뿐이다. '오늘 저녁은 김치찌개 먹고 싶다'고 소망하고, '다음 달 카드 값 어쩌지?'를 걱정하는 평범한 사람이 되고 싶다. 꼭 그렇게 되어야 내가 이 싸움에서 이기는 것이라 생각하고 있다.

2021년 겨울 첫 제보, 2023년 8월 2차 제보 사이의 시공간에서 나는 극심한 공포, 긴장 그로 인한 스트레스로 매일매일 트라우마에 시달렸다. 지난 2년의 시간은 나에게는 도전이었다. 그 도전이 나를 다른 사람으로 만들고 있다. 지금의 나는 피해자로 머물고 싶은 생각이 없다. 반드시 승리하고 싶은 마음 간절하다. 이제는 세상 밖으로 나와 당당히 내 삶을 사는 것! 이것이 나에게는 승리다.

*

나는 강단 있는 아내의 도움으로 2021년 겨울 '이재명 김혜경 경기도 법인카드 불법 사용'에 대한 제보를 결심했다. 그때 제일 먼저 떠오른 생각은 '나의 제보를 제대로 받아줄 곳은 어딜까?'였다. 정당을 찾아가야겠다! 더불어민주당을 상대할 수 있는 상대편 당. 하지만 그곳에는 내가 아는 사람이 단 한 명도 없었다.

'누구를 만나야 할까?'
'만나 달라고 하면 만나 줄까?'

세상에 알리기로 마음먹은 건 정말이지 큰 산 하나를 넘는 것이었다. 그 큰 산을 넘자마자 또 다른 큰 벽이 나를 가로막고 있었다. 답답한 마음에 뭐라도 해야 할 것 같았다. 무작정 여의도 방향으로 차를 몰았다. 국회의원들이 있는 의원회관 근처에서 멈췄다. 차 안에서 내가 할 수 있는 일이라곤 인터넷으로 뉴스에 등장하는 국회의원 이름을 검색하는 일밖에 없었다. 한 국회의원 사무실 번호를 찾아 전화를 걸었다.

"여보세요~"

"네, 안녕하세요. 저는 이재명 경기도지사 전 비서입니다. 제보할 내용이 있는데 의원님과 통화 가능할까요?"

떨리는 목소리로 이야기를 꺼냈다.

"정확히 어떤 일이시죠?"

돌아오는 대답에 잠깐 말을 더듬었다.

"이... 이재명 경기도지사 관련 제보입니다. 의원님과 통화하고 싶습니다."

하지만 의원실 직원은 정확한 내용을 알려달라고 했다. 당연한 반응이었지만, 나는 아무나 믿을 수 있는 상황이 아니었다.

"자세한 이야기는 못 합니다. 의원님과 직접 연락하고 싶습니다."

"자세하게 이야기를 해주셔야 의원님께 전달할 수 있습니다."

난감했다. 어느 누구도 믿을 수 없는 상황에서 자세하게 이야기할 수는 없는 노릇이었다. 하지만 상대방도 나랑 마찬가지일 것이다. 나처럼 국회의원과 통화하고 싶다는 연락이 하루에도 수십 번 이상 올 것이고, 그 모든 전화를 국회의원과 연결할 수 없었을 것이다.

답답했지만, 다시 반복해 이야기할 수밖에 없었다.

"의원님과 이야기해야 합니다. 연결시켜 주십시오."

"잠시만 기다려주세요."

잠깐의 정적이 찾아왔다. 의원실 직원들끼리 의논하는 것 같았다.

"이재명 후보 비리에 관한 내용이시면 ○○○국회의원실로 연락해 보십시오."

처음부터 순탄하게 연결될 거라고 생각하지는 않았다. 막상 이러한 답변을 들으니 '현실은 더욱 녹록지 않구나'라는 절망감이 들었다. 전화를 끊고 잠시 '휴~' 숨을 내쉬면서 호흡을 가다듬었다. 너무 긴장해서 숨쉬기조차 쉽지 않았다. 다시 검색했다.

○○○국회의원실 연락처를 찾았다. 바로 번호를 눌렀다. 통화 신호음이 울렸다. 긴장감이 또 온몸을 감쌌다.

수화기 너머로 "여보세요"라는 말에 나는 또다시 앞서 했던 이 야기를 되풀이했다. 하지만 돌아오는 대답은 역시나 "자세한 내 용을 모르면 전달할 수 없다"였다. 갑갑함이 두 배 세 배로 돌아 왔다.

결국 두 명의 국회의원과의 연락과 소통은 실패했다. 내게는 너무 어려운 일이었다. 휴대폰으로 이재명 관련 기사를 검색했 다. '이재명 비리 특별위원회'라는 것을 보았다. 다시 호흡을 가 다듬었다. 담당 국회의원실 전화번호를 찾았고, 또 전화를 걸었 다. 또다시 똑같은 이야기를 반복했다. 심장이 '쿵쿵'하고 뛰기 시작했다. 역시 나에게 '자세한 상황과 세세한 내용'을 물어왔다. 이야기할 수 없었다. 대신에 이번에는 내 메시지 전달을 부탁하 며, 나의 연락처를 남기고 전화를 끊었다.

＊ ＊

이미 날은 어둑어둑해졌다. 혹시 이재명 후보 측 사람이나 더 불어민주당 사람들과 마주치지나 않을까 불안했다. 오후 늦게 국회 근처로 갔던 터라, 국회의원들과 접촉하려는 몇 번의 시도만으로도 시간이 꽤 흘렀다. 한참의 시간이 지난 후 전화가 울렸다. '이재명 비리 특별위원회' 국회의원이었다.

"지금 방송 출연하러 가는 길이라서, 끝나면 늦을 거 같은데 어떻게 하실래요?"

이제 만날 수 있는 것일까? 만감이 교차했다. 몇 번의 거절로 인해 가슴 졸이던 불안감이 조금 누그러들었다. '내가 지금 잘하고 있는 일인 건가?' 하는 걱정도 동시에 밀려왔다.

"시간이 늦어도 괜찮으니 방송 출연 끝난 후 연락주세요."

그 국회의원은 나에게 방송이 끝난 후 국회의원 사무실에서 만날 것을 제안해왔다. 나는 "보는 눈이 있을까 조심스럽다"고 이야기했다. 나에게 국회 근처에 있으면 방송 끝난 후 나와 함께 자기 차량을 이용해서 국회의원 사무실로 들어가자고 제안했다. 밤늦은 시간이기 때문에 의원회관 의원 사무실이 제일 안전할 거라고 이야기했다.

나는 이 제안도 걱정되었다. 이런 게 처음이어서였다. 그리고 또 하나, 그곳에는 더불어민주당 의원들 사무실도 있는 곳이 아닌가. 혹시 그쪽 사람을 마주치게 되어 이재명 후보 측에게 이야기라도 들어간다면……. 두려운 일이었다. 하지만 더 이상 선택의 여지가 없었다.

두 시간 남짓 차 안에 앉아서 기다렸다. 오만가지 생각이 스쳐 지나갔다. 잘한 판단이었는지, 이로 인해 가족들에게 큰 피해를 주진 않을지, 지금이라도 입을 다물어야 하나……. 약해지는 마음으로 머릿속이 다시 복잡해졌다.

'국회의사당역 ○번 출입구 옆 노상주차장으로 오라'는 연락을 받았다. 떨리는 마음을 다잡으며 걸어갔다. 검은색 카니발 차량이 서고 뒷문이 열렸다. 내가 그토록 만나고자 했던 국회의원이 그 자리에 있었다. 누가 볼 새라 얼른 차에 올라탔다. 인사조차 제대로 할 수 없었다. 지하주차장으로 이동하는 몇 분 남짓이었는데도 말이다. 긴장한 나에게 국회의원은 이런저런 말을 걸어왔다.

국회의원 오래 기다리셨어요?

조명현 아닙니다, 괜찮습니다.

국회의원 제가 방송스케줄이 늦게 끝났습니다. 생활은 괜찮으신가요?

조명현 버티고 있습니다.

국회의원 늦은 시간이라 보는 사람은 없을 겁니다. 걱정 안 하셔도 됩니다.

의원회관 지하주차장에서 차가 멈췄다. 나는 차에서 내려 바닥만 보며 걸었다. 엘리베이터를 탔다. 그나마 다행스럽게도 늦은 시간이어서인지 엘리베이터에는 사람이 없었다. 그래도 긴장이 되는 건 어쩔 수 없었다. 의원실에 들어가면서 의원실 직원들하고도 눈을 마주치지 못했다. 숨을 가다듬고 간략하게 내 소개를 했다.

"저는 이재명 경기도지사의 전 비서 조명현입니다. 제보할 내용이 있습니다."

나는 경기도 7급 공무원으로 근무할 때, 목에 걸고 다니던 공무원증을 보여주었다. 그리고 내가 겪은 이재명 경기도지사의 '불법 의전'과 '법인카드 유용' 이야기를 시작했다. 전체 내용을 다 말할 수 없었기 때문에, 간략하게 설명했다. 그리고 내 휴대폰에 있는 텔레그램 대화 내용과 사진 일부를 보여주었다. 전체 제보 내용을 더 구체적이고 상세하게 밝히기 전, 나는 나의 조건을 말했다.

"이 내용이 세상에 밝혀지면 당연히 제가 특정됩니다. 배소현은 제집 주소, 차량 번호, 휴대폰 번호 등 거의 모든 것을 알고 있습니다. 배씨가 아니어도 제가 특정된 이상, 그들이 저의 신상정보를 알아내는 것은 그리 어려운 일은 아닐 것입니다. 나는 물론 아내와 가족의 안전을 담보할 수 없습니다. 나의 조건은 첫째 나와 아내가 피해 있으면서 생활할 수 있는 안전한 공간, 둘째 이동할 수 있는 차량, 마지막으로 휴대폰. 세 가지입니다."

이재명 더불어민주당 대선 후보 쪽에 있는 사람들은 내가 10년 이상 보아온 사람들이다. 백모 前 수행비서, 그의 친동생이자 현재 수행팀 백씨, 현 수행비서 김씨 등. 이들은 폭력 전과가 있거나, 성남 지역에서 조직폭력배와 연관이 있다는 소문이 돌던 사람들이었다. 대선이 코앞에 있는 시점에서, 나는 이 사람들이 할 수 있는 행동들에 주목할 수밖에 없었다. 이들은 나에게 어떤 행동을 할지 모르는 사람들이다.

더 우려되는 것은 이미 이재명 후보 주변 사람들 중 큰일을 당한 분들이 다섯 명이나 있었다는 점이다. 나 혼자라면 겁이 나도 어쩔 수 없이 견뎌내야 했겠지만, 아내, 장모님, 어머니 등 가족들까지 이 상황을 감내해야 했기에 마음은 늘 좌불안석이었다.

세 가지 조건을 들은 국회의원은 그 자리에서 명확한 답을 주지 못했다. '고민해 보겠다'고 했다. 그는 나에게 내가 갖고 있는 자료와 증거를 모두 넘겨줄 수 있는지를 물었다.

"그럴 수는 없습니다."

두 시간가량 이야기를 나눴다. 그에게서 내가 원하는 답을 들을 수는 없었다. 재차 세 가지 조건을 들어줄 수 있는지 확인해 달라고 말했다. 그러고 나서 다시 연락하고 만나기로 한 뒤 의원실을 나섰다. 나갈 때는 의원실 직원 차를 탔다. 처음 만났던 국회의사당역 출입구에 내렸다. 그후 의원과 같은 방식으로 몇 번을 더 만났다. 비슷하지만 같은 요구뿐이었다.

"증거 자료를 모두 넘겨줄 수 있는지……."

나는 절실하게 요청했다.

"내 가족을 지킬 수 있는 최소한의 안전장치를 마련해 주세요!"

마지막이 될 것 같은 만남을 마치고 나오면서, 기대는커녕 절망만 느끼며 돌아왔다. 막막했다. 적극적인 협조와 보호는 기대하지 않았지만.

10

"제가 어떻게
도와드려야 할까요?"

이제 어디로 가야 하는 걸까? 정당 다음으로 갈 수 있는 곳은 어디일까? 머리를 짜냈다. 정당만큼 힘을 가진 곳? 언론이었다. ○○신문사였다. 이재명 후보가 폐간을 외쳤던 곳. 우리나라에서 제일 큰 신문사, 이곳이라면 나를 보호해주면서 나의 제보를 적극적으로 도와줄 수 있지 않을까?

'그런데 또 어떻게 찾아가야 하지?'
'여기로 가서 기자 만나게 해달라고 하면 만날 수 있을까?'

홈페이지에 제보하는 곳을 찾아보았다. 연락처를 찾을 수 없었다. 나는 아는 기자가 없었다. ○○신문사뿐 아니라 다른 언론사 기자 1도 알지 못했다. 고민고민하다가 늦은 시간에 ○○신문사를 무작정 찾아갔다. 문은 굳게 닫혀 있었고, 경비하시는 분께 기자를 만나고 싶다고 했다.

"약속은 하셨나요? 기자 이름이 뭔가요?"

나는 한마디도 답하지 못했다. 제보할 것이 있어서 왔다고만 이야기했다. 잠시 기다리라는 말을 전한 경비는 사무실에 전화를 하는 듯했다. 잠시 후 "연락을 받지 않네요"라는 답변만 들었다. 다시 차에 앉아 종편 방송도 검색했다. 종편 방송과 ○○신문사 기자 몇 명에게 제보할 내용이 있다는 메시지를 메일로 보냈다.

종편 방송 건물로 갔다. 밤늦은 시간이라 역시 문이 잠겨 있었다. 24시간 방송이 송출되니 당연히 문이 열려 있을 것이란 내 판단은 어리석게도 틀렸다. 어렵게 어렵게 당직 기자를 찾았지만, '상세한 내용을 알려주지 않으면 안 된다'는 원칙적인 이야기만 듣고 발길을 돌렸다.

이제 어떻게 하지? 정당과 언론에서 분명히 관심을 갖고 도와줄 거라 생각했던 내 기대는 처참하게 무너져내렸다. 이대로 접어야 하는 걸까?

가슴에 큰 돌 하나를 얹고 다니는 심정이었다. 그러다가 메시지를 남겼던 기자에게서 연락이 왔다. 나에게 연락한 기자는 '이재명 후보 관련 기사'를 썼던 기자였다. 나는 떨리는 마음으로 "내가 전직 이재명 경기도지사 비서였고, 제보할 것이 있다"고 이야기했다.

다급한 마음에 기자가 살고 있는 집 근처로 찾아갔다. 나는 내 차에 기자를 태웠다. 조용하고 한적한 곳에 차를 세우고 이야기를 시작했다. 이재명 후보 관련 비리를 제보하겠다고 설명했다. "그런데 자세한 내용은 아직 알려줄 수 없다. 내가 걱정하는 상황(대피처, 차량, 휴대전화)을 해결해주면 모두 이야기하겠다"고 말했다. 기자의 대답은 당연한 이야기였지만, 더 차가웠다.

"비리에 관한 이야기라면 차라리 검사를 찾아가시는 게……."

청천벽력이었다. 자세한 내용을 알려주지 않아서인지, 아니면 못 믿어서인지는 모르겠지만, 관심은 가지는 것 같았으나 크게 와닿지 않는 듯했다. 내일 회사에 출근해서 윗선에 보고한 후 결과를 알려주겠다고 했다. 그 기자도 어쩔 수 없었을 것이다.

다음 날 나는 기자에게 전화했다. 약간의 기대감을 가졌다. 일방적인 바람이었는지도 모르겠다. 나는 지푸라기라도 잡고 싶은 심정이었다.

"제보 내용을 알려주면 다시 고민해보겠습니다."

나는 나와 가족의 안전과 생활을 보장하는 어떤 약속도 받지 못한 상황에서, 무작정 자료를 주고 제보하면 그 이후 벌어질 일을 내가 감당할 수 없을 것 같았다. '알았다'고 답한 후 전화를 끊을 수밖에 없었다.

내가 유난스럽다고 생각할 수 있는 사람들도 있을지 모르겠지만, 나의 처지는 정말 절박했다. 보잘것없는 평범한 개인인 내가 거대 여당 대통령 후보의 비리를 제보한다는 것은 굉장히 두려운 일이었다.

아내는 나에게 "괜찮다" 하지만, 나 때문에 어려움을 함께 겪어나가야 할 아내 생각을 하지 않을 수 없었다. 고통은 어쩔 수 없이 함께 겪는다 해도, 위험은 같이 겪어서는 아니 된다고 판단했다. 게다가 나와 아내가 생존할 수 있는 생활비는 거의 바닥을 드러내고 있었다. 제보이고 정의이건 간에, 일단은 살고봐야 하지 않는가.

정당과 언론의 냉담한 반응. 예상하지도, 예상할 수도, 예상하고 싶지도 않은 상황이 연이어 일어나고 벌어졌다.

＊

내가 갈 곳은 없었다.

'그래. 내가 얼마나 정의롭고 의로운 사람이라고…… 가족도 못 지키면서 해야만 하는 일인가?'

나도 모르게 막막한 현실 앞에서 적당히 타협하고 멈추고 싶은 마음이 들었다. 그래도 내가 직접 보았고, 그것이 불법임을 알면서도 묵인하는 게…… 가슴은 쪼그라들고 있었다. '옳은 일을 할 것이라는 믿음'으로 나를 지켜보고 있는 아내에게도 미안하기만 했다. 언제나 무슨 일이 있어도 흔들리지 않고 덤덤하게 토닥여주며 응원해준 아내였다.

나에게는 누구에게도 말하지 못할 고민이 있을 때, 늘 의지하고 대화를 나누던 지인이 한 명 있었다. 내가 여러 시도 끝에 무

기력해질 무렵, 생각지도 못하게 그 지인에게서 나를 도와줄 사람을 소개받았다. 기자와 소통할 수 있는 창구 역할을 할 수 있는 사람이었다.

2022년 1월 14일 오후 4시경 여의도 한 카페에서 지인과 함께 도움받을 그분, B씨를 만났다. 나를 처음 본 B씨는 '긴장된 몸짓에 불안한 듯 떨리는 눈빛'의 내 모습을 보고 "꼭 도와줘야 할 사람이라고 생각했다"고 훗날 말해주었다. 나는 정말이지 이번이 진짜 마지막이라고 생각했었다. 아마 그런 간절함이 눈빛, 목소리, 몸짓으로 온몸에 표현되었으리라.

나는 그분, B씨에게 조심스럽게 인사했다. 그러고 나서 나의 휴대전화를 보여주면서 이런저런 설명을 했다. '불법 의전', '법인카드 유용' 등 비리 관련 이야기를 시작한 지 얼마 지나지 않아서였다.

"제가 어떻게 도와드려야 할까요?"

B씨가 대뜸 이렇게 이야기했다. 예상치 못한 질문이어서 갑자기 말문이 막혔다. 나는 시간이 멈춘 듯 잠시 멈칫했다. 나는 차분히 은신처, 차량, 휴대전화 세 가지를 말했다. 잠깐의 정적이

흘렀다. B씨는 방법을 찾아보겠다며, 좀 더 정확히 어떤 걸 원하는지 물었다.

"은신처라고 하면 어떤 곳을 말하는지? 규모나 위치라든지?"

규모, 위치라? 나는 그냥 안전하게 피할 수 있는 곳만 생각했었다. 크기라든지, 위치라든지, 몇 명이 지낼 거라든지 구체적으로 생각해본 적이 없었다. 그럴 겨를도 없었다. 지금까지 만난 사람들은 '증거 자료를 달라'고만 이야기했다. 그런데 그분, B씨는 어떻게 해주어야 하는지?까지 묻고 있는 것이다. 어떻게든 해보겠다는 의지가 보였다. 나는 생각해보겠다고 말하고 첫 만남을 마무리했다.

집으로 돌아오는 길, 아내에게 전화를 걸어 지금까지의 상황을 설명해주었다. 아내는 나와 자기 둘이 있을 공간이면 된다면서, 나머지는 B씨의 이야기를 더 들어보자고 했다.

나는 B씨에게 다시 전화했다. 어렵게 얘기를 꺼냈다.

"보안이 잘 되고 아내와 나, 둘이 피신할 정도면 됩니다."

B씨는 구체적일수록 좋다고 했다.

"아내와 좀 더 구체적으로 상의해서 알려주세요. 구체적인 생각, 거기서부터 출발하겠습니다."

'나의 구체적인 생각, 거기서 출발하겠다'고. 희망의 한 줄기 빛이 내려오는 듯해서 흥분됐다. 제보를 결심하고 처음으로 나의 처지에서 바라봐주는 사람을 만난 것이다. (진짜 시작의 순간이었지만) 포기하려던 순간, 극적으로 은인을 만난 것이다. 운전하며 집으로 돌아가는 길에서 나는 눈물이 났다.

'침착하자. 이제 시작이다.'

하지만 혹시 모를 일이다. 나는 B씨를 잘 알지 못한다. B씨도 나를 알지 못한다. 이런 상황이다. 끝까지 긴장해야 했다.

* *

내가 B씨를 만난 날이 금요일, 2022년 1월 14일이었다. B씨는 주말이 지나고 다시 만나자고 했다. 나중에 알았다. B씨를 처음 만난 날은 B씨의 결혼식 전날이었다. 코로나19로 주말 결혼식을 올린 후 짧은 신혼여행에서 돌아오는 날임에도 나를 다시 만나러, 내가 살고 있는 집 근처까지 찾아왔다. 짐도 풀지 않고 신혼여행지에서 바로 온 것이다. 부인과 함께 왔다.

나는 너무너무 고맙고, 너무너무 미안했다. 그날은 눈이 많이 내려, 도로 사정도 좋지 않았다. 이 모든 걸 봐서도 B씨가 나의 일에 얼마나 관심을 가지고 있는지 알 수 있었다. 나는 신뢰와 기대를 함께 갖게 되었다. 조그만 카페에서 B씨와 마주했다. B씨의 아내는 다른 테이블에 자리 잡았다.

"같이 앉으셔도 괜찮은데요."

나를 배려해서인지 편하게 이야기하라고 조용히 말하고 자리를 비켜줬다. B씨에게 휴대폰 안에 있는 내용들을 차근차근 설명했다. 두 시간가량 이야기를 듣고 있는 B씨의 표정은 점점 굳어갔다. 말하고 있는 나까지 심각해졌다. 이야기가 끝나고 나서도 B씨의 침묵이 한동안 이어졌다. 나는 커피만 들이켜며 B씨의 이야기를 기다렸다. B씨는 내 휴대폰 자료를 함께 검토하자는 제안을 했다. 이유를 물었다.

"제보 내용과 사진, 녹음 등을 보고 듣는 것으로는 전체 윤곽을 파악하기 어렵습니다. 오랜 시간 함께 구체적인 상황을 얘기하면서 시작할 필요가 있습니다."

사실이었다. 배소현과 주고받은 텔레그램 자료, 법인카드 불법 사용과 갑질을 담은 녹음 자료 등은 하나하나 일일이 내가 맥락을 설명해줘야 이해되는 자료들이었다. B씨는 다음 날 다시만나자고 했다.

다음 날 아침 B씨와 나는 모텔을 잡고 자료를 검토하기 시작했다. 성남에 있는 모텔에서 아침부터 남자 둘이 방을 잡고 들어가니 주인도 이상하게 쳐다보는 듯했다.

B씨와 나는 테이블에 노트북을 펼치고 나란히 앉았다. 나는 증거 자료가 있는 휴대폰을 꺼내서 B씨의 노트북에 연결하여 증거 자료들을 하나하나 분류해가며 여러 개의 폴더를 만들어 옮겨 담았다. 그리고 내 휴대폰에 사진으로 캡처되어 있는 텔레그램을 B씨의 휴대폰으로 끊김 없이 동영상으로 촬영했다. 아마도 이것은 자료 조작이 안 된 것을 증명하기 위함인 듯했다.

이제 내가 제일 힘든 일을 할 순서다. 배소현과의 통화 내용을 녹음한 파일을 함께 들을 차례였다. 녹음은 했지만 나조차 한 번도 들은 적이 없었다. 정확하게 이야기하자면, 듣지 않은 게 아니라 들을 수가 없었다.

노트북에 이어폰을 연결하고 듣기 시작했다. 얼마 지나지 않아 B씨의 표정이 일그러졌다. 배소현의 갑질이 나오는 목소리였다. 나 역시 듣고 있었는데, 그때 그 자리에서 갑질 당했던 순간이 다시 눈앞에 펼쳐졌다. 옆에서 듣고 있던 B씨의 입에서는 욕이 흘러나왔고, 나는 숨이 턱 막히면서 몸이 부들부들 떨려왔다. B씨가 나를 위로했다.

"너무 많이 힘드셨을 거다."

B씨는 진지하게 말했다. "이 정도로 당했으면 맨정신 아닌 게 당연하다. 비서님(B씨는 나를 비서님이라고 불렀다)은 당사자라 본인의 상태를 잘 모르시는 것 같다." 그러면서 병원에 가볼 것을 적극 권유했다. 병원? 한 번도 생각해 본 적이 없었다. 배소현의 갑질에 혼자 가슴 치며 참았던 기억이 떠올랐다.

며칠을 B씨와 함께 모텔을 전전하며 제보 내용을 꼼꼼하게 살

폈다. 양이 그만큼 많았기 때문이었다. 나는 이 며칠이 몇 년보다 길게 느껴졌다. 모든 녹음 파일을 들어야 하는 B씨도 곤욕스럽기는 마찬가지였을 것이다. 앞뒤 맥락이 있어야 알아들을 수 있었다. 나 아니면 알 수 없기에 어쩔 수 없었지만, 내가 다시 보고 들으며 느끼는 고통을 눈앞에서 봐야 하는 B씨도 쉽지 않았을 것이다.

길고 긴 시간이 끝났다. 나는 기운을 모두 소진했다. 헛구역질이 날 정도로 어지러웠다. 전체 제보 내용을 보고 듣고 윤곽을 파악한 B씨. 그는 집으로 돌아가 다시 세세하게 검토해야 한다고 했다. 몇 날 며칠, 날을 새 가면서 확인해야 한다고 했다.

'내가 잘하는 짓인가?'

'그래, 이미 엎질러진 물이다.'

내가 할 수 있는 일은 이제 기다리는 일뿐이었다. 기다리는 며칠, 초조한 마음이었다. 그러더니 몸에서부터 올라오기 시작한 증상들이 나를 괴롭히기 시작했다. 정신의 고통, 몸의 통증이 나를 이중으로 힘들게 했다. 없던 병이 생긴 게 아니었다. 몸에 숨어 있던, 언젠가는 나를 뒤덮었을 증상이 나타난 것이다. 그래도 나는 살아야 했고, 살고 싶었다.

* * *

내가 만났던 B씨는 세심하고, 스마트한 사람이었다. 아무도 내 이야기를 들어주지 않을 때 귀 기울여 관심 있게 들어준 고마운 사람이다. 그런 B씨가 나의 상태를 보고 여러 차례 정신과에 가서 치료받을 것을 권했다.

B씨의 거듭된 권유로 나는 정신과에 가기로 했다. 병원을 찾아갔다. 두려웠다. 내 이야기를 해야 하는데, 의사를 믿을 수 없었다. 병원 대기실에 앉아서 별의별 생각을 다 했다. 천근만근 무거운 대기 시간이 지나고 의사 앞에 앉았다. 의사는 무덤덤한 표정으로 물었다.

"어디가 어떻게 불편하세요?"

"선생님, 상담 중 들으신 이야기는 어디에도 이야기하지 않는 게 확실하신 거죠?"

나는 떨리는 목소리로 자초지종을 설명했다. 의사는 내 이야기를 한참 듣더니, 심각한 표정으로 '매우 힘들었을 것'이라 했다. '견디기 쉽지 않은 시간'이었을 것이라고도 했다. 나의 병명은 '공황장애'와 '우울증'. 매우 심각하다고 했다. 입원 치료해야한다고 했다. 나는 지금 입원할 수 없었다. 입원할 여력도 없었다. 입원할 처지도 아니었다. 의사 선생님에게 사정사정해 약 처방만 받고 집으로 돌아오는 길에 손에 든 두툼한 약 봉투를 바라보았다.

'내가 어쩌다 이렇게 된거지?'

집으로 돌아와 약을 먹었다. 별 차이 없었다. 그런데 약 복용 후 이틀째 되는 날, 갑자기 화가 참을 수 없이 올라왔다. 여태껏 누르고 참아왔던 감정들이 터져 나오는 것 같았다.

며칠 후 B씨에게서 연락이 왔다. 기자를 만나는 스케줄을 잡았다고 한다. ○○신문사 기자를 만나본 경험 때문인지, 불안했다. 며칠 후 SBS 기자를 서울 모처에서 만났다. B씨도 함께 있었다. 2층 회의실을 통째로 빌린 듯했다. 카메라 기자와 취재 기자가 함께 왔다. 당황스러웠다. 이런 풍경은 처음이었기 때문이다.

나는 B씨에게 영상 촬영은 안 했으면 좋겠다고 했다. 그랬더니 모자이크 처리한다고 했다. 그래도 부담스러운 일이었다.

SBS 기자가 나에게 명함을 건넸다. 법조팀 기자였다. 정치부가 아닌 법조팀 기자를 선택해 잡은 스케줄이라고 했다. 정치적 사건이지만 정확하게 법률로 다루겠다는 게 B씨의 생각이자 의지인 듯했다. 나는 기자에게 경기도 공무원증을 보여주었다. 그리고 기자의 몇 가지 질문에 대답했다. 멍하고 긴장한 상태로 인터뷰를 했다. 기자는 B씨에게도 추가 취재를 했다. 그리고 다시 만나기로 했다. 그 이후 SBS, 채널A 등 몇 명의 기자를 더 만났다.

이 모든 일은 아내하고만 공유했다. 2022년 설날, 처남집에서 처가 식구들과 모여 있었다. 잠시 짬을 내, 처남집 작은방으로 아내를 불러서 '곧 기사가 나올 거라는 B씨의 소식'을 전했다. 아내와 나의 걱정은 이 사건이 터지고 나서 가족들에게 돌아올 후폭풍과 그에 따른 위험이었다. 어린 처조카들이 해맑게 웃으며 "고모부~" 하고 부른다. 나와 아내는 우리가 처남집에 있으면 어린 조카들까지 위험하지 않을까, 하는 생각에 거처를 옮기기로 했다.

물론 B씨와 상의했다. B씨 집 근처에 모텔을 잡고, 며칠 사이를 두면서 거처를 옮겨가며 지내기로 결정했다. 설날 연휴가 끝나지 않았지만, 어머니가 계신 시골로 내려간다고 말하고 처남댁을 떠났다.

나와 아내가 살았던 집으로 가서 짐을 싸야 했다. 혹시 기자 만난 것이 새 나가 집 앞에 누군가 기다리고 있지나 않을까, 하는 공포스러운 생각이 들었다. 과한 걱정이리라. 부랴부랴 짐을 챙겼다. 얼마나 풍찬노숙하게 될지 몰라서 큰 트렁크에 꾸역꾸역 옷을 챙겼다.

2022년 1월 말경이었다. 그때 하필 김혜경씨가 한복을 입고 인터뷰를 하고 있었다.

"대통령이라는 그런 직분에 대해서는, 옆에서 영향력을 미칠 수 있는 사람에 대해 무한검증을 해야 합니다. 그것이 옳은 일이라고 생각하고, 그 부분에 있어서는 후보나 후보 주변 사람들이 받아들여야 합니다. (무한검증 대상에 부인과 가족도 포함되느냐?) 그렇습니다."

대통령에게 영향을 줄 수 있는 배우자도 무한 검증해야 한다고. 기가 막혔다. 어떻게 저런 말을 저렇게 아무렇지도 않은 표정으로 말할 수 있을까?

＊ ＊ ＊ ＊

B씨가 자기 집 근처에 숙소를 잡아주었다. 이렇게 나와 아내의 모텔 생활이 시작되었다. 모텔에 둘이 앉아 있자니 기분이 정말 묘했다. B씨와 부인이 방문했다. 그들의 손에는 과자와 음료수 등이 잔뜩 들려 있었다. 게다가 B씨 부인이 직접 만들었다는 인형까지. 무척 고마웠다. 나와 아내를 신경 써주는 사람이 처음 생겼다. 둘이서만 고민하고 결정하던 일을 함께 염려해주는 사람이 생긴 것만으로도 왠지 모를 든든함이 생겼다.

나와 아내는 한 모텔에서 이틀 정도를 머무르다 짐을 싸 다시 다른 모텔로 계속 옮겨 다녔다. 이동하는 일은 쉬운 일이 아니었지만, B씨의 의견이기도 했고 나도 그게 마음이 편했다.

B씨와 그의 부인, 그리고 B씨의 지인들 몇 명만 접촉했다. 아내와 나는 모텔 안에 계속 숨어 있어야 했다. 답답함보다는 긴장과 걱정으로 하루하루를 보냈다. 하지만 강단 있는 아내는 외려 담담했다. 늘 흔들림이 없었다. 결정하기까지는 신중하지만, 일단 결정하면 다른 생각은 하지 않는 스타일이다. 모텔에서는 TV

만 쳐다보고 있었다. B씨에게 연락이 왔다. 2022년 1월 28일 오후 5시경이었다. 드디어 오늘 SBS 8시 뉴스에 나온다고 했다. 현실로 와닿지 않았다.

아내에게 이야기했다. 역시나 담담했다. 막상 뉴스가 나와도 담담할 것이다. SBS 뉴스가 시작되었다. 약 대리 처방에 관한 보도였다. 익명으로 나왔다. 생각했던 것보다 길었다. 이제 시작됐다. 뉴스 기사가 나오고 갑자기 휴대전화가 울리기 시작했다. 모르는 번호였다.

'뭐지? 이렇게 빛의 속도로 연락이 올 수도 있나?'

모르는 번호로 전화 오면 받지 말라는 이야기를 B씨에게서 미리 들었다. 전화를 받지 않았더니 문자와 카톡 그리고 텔레그램으로 타 언론사 기자들에게서 장문의 문자가 들어왔다. 예상은 했지만 이렇게나 많은 연락이 올 수도 있나 싶을 정도였다. 나는 B씨에게 언론 방송 관련한 모든 것을 일임했다.

이제 다들 알게 되리라. 나를 알던 사람들은 분명 나의 이야기라는 걸 금방 알아차렸을 것이다. 수많은 전화들 중에 지인들의 연락도 꽤 많았다. 두려움이 밀려왔다.

SBS 보도 이후 관련 소식이 거의 모든 방송사, 신문, 인터넷에 도배되었다. B씨가 나의 대변인 역할을 과분하게 잘 해준 덕이었다. 나에게 올 기자들의 전화는 모두 B씨에게 연결되었다. 하지만 그 외에도 내게 오는 전화나 문자들도 상당했다. 눈으로 보고도 믿기지 않는 상황이었다.

김혜경에 관한 보도들이 하나하나 계속 연이어 나오기 시작했다. 소고기, 샌드위치, 음식 배달, 관용차 사적 이용, 분당서울대병원 불법 의전, 큰아들 이○○ 대리 퇴원 등. 여러 언론사에서 기사들이 쏟아져 나오기 시작했다. B씨는 한 곳에만 기사를 주지 않고, 각 언론사별로 나눠 기사를 제공했다. 나의 제보를 받은 언론들은 제보 내용을 확인하고 팩트체크 한 뒤 기사를 내보냈다.

KBS는 법인카드로 소고기를 구입해 수내동 이재명 경기도지사 자택으로 올린 내용을 직접 해당 식당에 찾아가 영수증을 확인한 뒤 기사를 냈다. 이렇게 직접 찾아가 확인하는 취재를 했기에 이재명 더불어민주당 대통령 후보 측에서는 처음에는 부인하다가 일방적인 무대응으로 시종일관했다.

SBS 첫 보도 기사가 나온 후 배소현에게 연락이 왔다. 올 것이 왔구나. 이제 두려울 것은 없지만, 갑질로 인한 트라우마는 여전했다. 한껏 꾸며진 목소리와 톤으로 뻔뻔하게 묻는 배소현이었다.

"어디세요?"

기가 찼다. 어떻게 이렇게 전화를 할 수 있을까? 고개를 절레절레 흔들며 대답했다.

"왜 그러시냐?"

나를 한번 만나야 한다고 이야기하는 배소현. 만나 줄 수 있냐? 묻는 게 아니었다. 마치 나를 위해서 만나야 한다는 말 품새였다. '안 만나면 나에게 불리한 일이 벌어질 거 같다'는 뉘앙스를 가득 풍기면서 말이다.

전화를 끊고 잠시 숨을 골라야 했다. 화가 마음속 밑바닥에서부터 올라왔기 때문이다. 배소현은 사람에 대한 최소한의 예의도 없었다. 내가 이런 사람과 배소현이 모시는 이재명 김혜경을 위해 일했다는 것이 수치스러웠다. 뻔뻔하기가 끝이 안 보였다. 이후 진실함은 하나도 없는 사과 같지 않은 사과 문자가 왔다.

여기까지 읽었습니다

2022년 1월 29일 토요일

배 조비서관님
그동안 저땜에 힘드시게 해서 넘
죄송합니다.
힘드시겠지만
마지막으로 만나뵙고 죄송하다
인사 꼭 전하고 싶습니다.

오후 9:01

2022년 1월 30일 일요일

배 조비서관님....
어디 얘기할곳도 없고 숨막히는
마음에 문자 남깁니다 제가 다
잘못한일이고 어떻게든 사죄하고
싶습니다 조비서관님이 내키진
않으시겠지만 저하고 쌓인 문제
제가 직접 만나서 꼭 죄송하고
사죄하고 싶습니다... 죄송합니다

MMS
오후 3:08

한술 더 뜬 사람의 전화도 왔다. 이재명을 수행하던 비서 김모 씨다. 회유도 아닌, 내가 느끼기엔 협박처럼 들리는 이야기를 하고 전화를 끊었다. 순간 가슴이 철렁했다. 이 사람들은 진심이리라. 자신들과 자기 가족들의 모든 것을 걸고 있는 이재명의 앞날을 막는 나, 조명현이 분명 그들에게 걸림돌로 느껴졌으리라.

성남시장 시절 초기 수행비서였던 백모씨에게도 연락이 왔다. 몇 년간 연락조차 없던 사람이었다. 나는 받지 않았다.

'택시 기사 폭행으로 수행비서를 그만두었던 사람.'
'이재명 친형에게 쌍욕 문자를 수없이 보내던 사람.'
'평소에도 과격한 행보를 보였던 사람.'

전화를 받지 않자 나에게 장문의 문자를 보냈다. 전화하고 싶다는 것이다.

나는 나에게 연락해온 사람들과 그 내용들을 B씨를 통해 언론에 알렸다. 나는 공포스러운 존재들을 피하는 것 말고는 할 수 있는 다른 방법이 없었다.

이들은 내가 배소현과 일하는 동안 배씨의 갑질을 다 아는 사람들이다. 알면서도 모른 척했던 사람들이다. 내가 업무적 도움

< ▢▢▢▢▢▢
1월 30일, 오후 7:02

제목없음

난 7년전 내잘못으로
모든걸 내려놓고 산다

다만 너가 언론에 나와 그런일이 있었다하여 마음이 좀
안좋았다

위로하려고 전화번호를 찾았더니
마침 예전번호가 그대로 있기에
전화를 한것이고
안받길래 내번호 바뀌어서
모르는것 같아 문자를 남겼던거다

그걸 기자에게 알려서 나한테 기자가 전화해서 꼬치꼬치
캐묻길래
나와 명현이는 그런사이가
아니라고 했고
또한 너도 그럴사람이 아닌데
그런일을 겪었다해서 격려차 전화해봤다고 말해줬다

좀 서운하긴 했지만 난 괜찮다...
너가 그동안 많이 힘들었을걸 생각하니 기분이 썩 좋질
않더구나

예전 너가 ▢▢▢▢ 잘챙겨주고
예의갖추고 날 대해줬던것이 떠올라
마음이
 많이 안좋았다

아무튼 많이 힘들텐데
이번일 잘 견뎌내고
건강하게 잘 지내길 바란다 명현아^^

    ▢   ⟨   ⋮
  글자 복사   공유   더보기

    ||| ◯   ⟨

을 바랐을 때, 눈 하나 깜짝 안 했던 사람들이 자기 앞날에 내가 걸림돌이 될 것 같으니, 너나없이 발 벗고 나서 걸림돌을 제거하려 애쓰고 있다. 이런 현실이 가슴 아팠다.

B씨는 몸을 잘 간직하고 피하면서, 이 모든 사실을 제대로 알려야 한다고 했다. 그래야 있을 수 있는 위험을 그나마 피할 수 있다고 조언했다. SBS에서 추가 기사가 나왔다. 내 전화기는 물론이고 B씨의 전화는 또다시 불이 났다. 문자메시지, 카톡, 텔레그램으로 기자들의 장문의 문자가 쏟아져 들어왔다.

아내와 모텔을 전전하면서 늘 뉴스만 쳐다봤다. 그러던 중 걱정했던 일 중 하나가 터졌다. 한 유튜버가 나의 녹음 파일을 입수해서 음성변조 없이 업로드했던 것이다. 내 목소리가 여과 없이 흘러나왔다. 녹음 파일을 한 번도 들은 적 없던 아내는 분노했다. 배소현이 "소고기를 사오라"고 소리칠 때 처음 갑질을 알았던 아내였다. 유튜브 방송으로 배씨의 갑질을 들은 아내는 치를 떨었다. 나는 급하게 B씨에게 전화했다. 자초지종을 물었다.

내 녹음 파일을 받은 B씨는 언론에게만 제공했다. 그 녹음 파일이 어떻게 유튜버에게 들어갔는지 알 길이 없었다. '유튜브 방송을 내리라' 요구하라고 했다. 내 녹음 파일을 방송에 올린 유튜버는 전직 국회의원이며 방송에도 나오는 유명인이었다. 방송을 내리라고 요구하려고 여러 방면으로 연락했지만 전화를 받지 않았다.

녹음 파일을 들을 처가 식구들, 내 가족들을 생각하니 눈앞이 깜깜했다. 죽고 싶은 생각까지 들 정도였다. 가족들에게만은 알리고 싶지 않은, 죽을 때까지 들려주고 싶지 않은 목소리가 여과 없이 흘러나오고 있었다. 수백, 수천, 아니 수십만 명의 사람들이 내 목소리를 듣고 있었고, 빛의 속도로 유포되고 있었다.

그 유튜버에게는 조회수를 올릴 수 있는 자극적인 소재에 불과하겠지만, 당사자인 나에게는 앞으로 대한민국에서 얼굴 들고 살 수조차 없는 상황이 벌어진 것이다. 가족들의 절망과 사람들의 동정과 비난을 모두 감당해야 하는 나로서는 묵고 있는 숙소에서 뛰어내리고 싶은 심정뿐이었다.

급하게 B씨와 B씨 지인들이 나와 아내가 머물고 있는 숙소로 찾아왔다. B씨는 흙보다 검은 낯빛으로 '미안하다', '수습하겠다' 고개 숙이며 대답했다.

"녹음 파일을 받은 기자들 연락처를 달라."

"아무것도 필요 없고, 다 그만두겠다."

나는 이성을 잃었다. 만류하는 B씨 지인들에게도 소리를 질렀다.

"겪어보지 않았으면 아무 말도 하지 말라."

우여곡절 끝에 B씨 지인 중 한 분이 어렵게 국회의원을 통해 유튜버에게 연락했고, 영상을 내리는 것으로 일단락되었다.

자기 이익을 위해 다른 사람의 고통이나 아픔은 안중에도 없는 유튜버를 보면서 세상이 참 차갑다는 것을 다시 한번 깨달았다. 지금도 그때, 그 상황을 생각하면 치가 떨린다. 당시 그 파렴치한 유튜버는 영상을 내리는 조건을 가지고도 '딜을 쳤다'는 말을 들었다.

뻔뻔해야 살아가는 세상이라지만, 나로서는 도저히 이해할 수 없는 일이다. 다른 사람의 아픔을 자기 이익으로 생각하고, 아무런 거리낌 없이 돈 벌려고만 하는 사람들. 내가 너무 순진한 건가? 하는 생각이 들 정도다. 이재명 더불어민주당 대통령 후보, 김혜경 그리고 그들 주위 사람들, 그 유튜버는 하나 같이 뻔뻔하기로는 우열을 가리기 어려운 사람들이었다.

6장

굿모닝하우스
'이재명 휴일 수라상 의전'

배 소현
최근에 접속함

08:30 순비, 시사님께는 서녁에 보고 예성
오후 4:23 ✓✓

지사님 메이크업 일정 확인했습니다 오후 4:23 ✓✓

저녁식사 준비도 확인했습니다 오후 4:24 ✓✓

ㅇㅋ 오후 4:24

전달된 메시지
주무관 보냄

오후 6:04 ✓✓

전달된 메시지
주무관 보냄

- 국/메인
황태무국, 동태조림

-반찬
김, 파김치, 소세지전
도라지오이무침, 미역줄기나물, 배추김치

-후식
계절과일(배, 단감)
오후 6:04 ✓✓

메시지

11

'너무 어이없는'
주말 밥상 차리기

나는 2023년 8월 23일 이재명 경기도지사의 '굿모닝하우스 휴일 수라상 의전' 사진을 공개했다. 이재명 경기도지사에게 내가 직접 식사를 제공했다. 직접 조리한 게 아니다. 경기도 법인카드로 이재명 지사가 먹을 휴일 수라상 음식을 하나하나 구매했다. 주문한 음식이 굿모닝하우스에 도착하면, 보기 좋게 플레이팅해서 '수라상 세트'를 만들었다. 그리고 이재명 경기도지사가 있는 2층으로 배달해 '수라상'을 차려드렸다.

*

굿모닝하우스 주요 업무 가운데 '너무 어이없어서' 차마 말하지 못한 한 가지가 '굿모닝하우스 휴일 수라상 의전'이었다. 이재명 경기도지사는 모든 공무원이 쉬는 토요일, 일요일에도 굿모닝하우스에서 생활하는 날이 많았다. 주말 휴일에는 제 집에 가서 가족들과 오붓한 시간을 보내는 게 일반적이지 않는가?

이재명 경기도지사가 주말에 굿모닝하우스에 있을 때, 의전팀은 식사를 외부에서 주문해 사온다. 물론 이재명 개인카드가 아닌 경기도 법인카드로 '쓰윽' 긁는다. 도착한 음식을 굿모닝하우스 지하 대회의실 주방에 있는 밥그릇, 국그릇, 접시 등에 옮겨 담아 이재명 지사에게 한 끼 식사를 올린다. 그런데 여기에서 문제 아닌 문제가 발생한다. 가지런히 세팅된 '휴일 수라상 세트'를 2층 이재명 지사가 있는 테이블로 가져다주는 일을 할 사람이 필요하다는 것이다.

언뜻 들으면 이해가 가지 않을 것이다. 이재명 경기도지사 의전팀은 당연히 주말에도 이 지사가 있는 공관으로 출근한다. 자연스레 주말에 출근한 의전팀이 '휴일 수라상 세트'를 가져다주면 되지 않나? 의전팀은 이재명 경기도지사의 주중 업무 때 계속 수행한다. 그렇기 때문에 쉴 수 있는 날이 많지 않다. 의전팀에서는 '사모님팀'에서 밥 올리는 일을 해주기를 원했다.

아니, 원칙적으로 근본적으로 주말에 공관에 있을 경우, 이재명 지사도 쉬는 날이다. 그러면 다른 사람도 쉬게 하고, 자기가 먹을 끼니는 자기 스스로 알아서 해결해야 하지 않나? 너무 당연한 거 아닌가. 온갖 음식들이 손가락만 까딱하면 바로 배달되어 오는 시대인데, 뭐가 어려운가. 그런데 이재명 경기도지사는 공무원들을 1년, 365일, 8,760시간 전부 자기 소유인 양했다.

8시간 노동이 글로벌 스탠다드다. 회사에 다니는 근로자는 '9 TO 6'이다. 아침 9시부터 오후 6시까지 사원에게는 사원으로, 부장님에게는 부장님으로, 사장님에게는 사장님으로 자신에게 맡겨진 업무와 그 역할에 맞는 일을 한다. 그 8시간 동안은 직급과 직책에 맞게 일하고 대우하거나 대우받는다. 그런데 대다수 부장님과 사장님들은 24시간 부장 노릇을 하거나, 24시간 사장 노릇을 하려고 한다. 이 8시간에 대한 인식이 없는 것이다.

시장이나 도지사들이 외부에서 일이 바빠 식사를 하지 못하면 공관이나 관사에서 수행비서들과 함께 한 끼 할 수 있다. 그런데 주말 휴일 공관에서 혼자 밥을 먹는데 그것도 법인카드로 먹는다, 비서들 출근시키면서까지.

이 같은, 업무 같지도 않은 일을 위해 나는 주말에 공관으로 출근해야 했다. 굿모닝하우스 지하 주방에서 2층 이재명 지사가 있는 곳으로 준비된 밥을 올리는 일, 그것을 위해 출근했다.

김혜경이 공관에 오는 경우가 '가끔' 있었다. 그때도, 여전히, 똑같이, 이재명 김혜경의 허기진 배를 채울 음식은 여전히, 똑같이, 경기도 법인카드 마그네틱이 '마르고 닳도록' 긁어졌다. 김혜경이 있어도 의전팀은 출근했다. 여전히, 똑같이 의전팀이 음식을 준비한다. 김혜경이 움직였으니, 배소현이 빠질 수 없다. 배소현은 외부에서 경기도 법인카드를 긁어서 사 온 음식을 굿모닝하우스 냉장고에 미리 넣어두었다. 그러면 김혜경이 그것으로 이재명의 끼니를 챙겼다.

김혜경이 정말 공관에 등장했을 뿐, 대부분은 의전팀에서 음식을 준비했고, 음식을 올리는 일은 비서실 소속 '사모님팀'의 내가 했다. 가져다준 음식을 두 사람이 같이 먹었다. 김혜경씨는 식사 메뉴를 정해주었다. 그 때문에 공관에 음식을 가져다줄 때도 의전팀에서 품목을 늘 신경 쓰고 체크했다. 토요일 일요일 가리지 않았고, 재직 기간 동안 여러 차례였다.

'수라상 의전'을 시전할 때마다 이재명 지사에게 알려야 했다. 그 방법은 이러했다.

1. 이재명 지사 수행비서에게 식사 준비되었다는 내용을 전달한다.
2. 수행비서는 이재명 지사에게 식사 준비 소식을 문자로 전송한다.
3. 이재명 지사 답변을 받은 수행비서는 나에게 '이재명의 답변'을 전달한다.

이러다 보니 이재명 지사의 식사를 준비해서 2층 테이블에 가져다 두고 내려온 뒤, 30~40분 지나 밥상을 치우러 올라갔을 때, 식사가 준비된 것을 모르고 그대로 있는 경우가 종종 생겼다. 나는 식은 음식을 가지고 내려온 다음 배소현에게 이 상황을 전달했다. 그러고 나서 다시 음식을 데워 2층 가져가야 했다. 이 때는 음식이 준비된 것을 내가 이재명 지사에게 직접 알릴 수밖에 없었다. 그러다 보니 이재명 지사와 독대할 때가 있었다. 내가 인기척을 내니 중간에 나와서 나와 이야기를 나눴다.

SKT 6:04 📷 🔇 📶 33% 🔋

배 소현
최근에 접속함

없답니다   오전 11:44 ✓✓

죠 쓸미다

오전 11:44

오후 12:00 ✓✓

식사 올려드렸는데 인기척이 없습니다   오후 12:02 ✓✓

식사하고 계십니다   오후 12:10 ✓✓

ㅇㅋ   오후 12:13

성공했습니다   오후 12:43 ✓✓

메시지

배 소현
최근에 접속함

제가 올라가볼까 합니다　오전 11:23 ✓✓

마스크쓰면 못 알아보실테니　오전 11:24 ✓✓

공진단 식사 비타민 순으로 시간차두고 드려볼까
고민중입니다　오전 11:25 ✓✓

ㅋ 기냥 같이 넣어드려봐 귀찮게하는거 싫어하시니
오전 11:28

네　오전 11:29 ✓✓

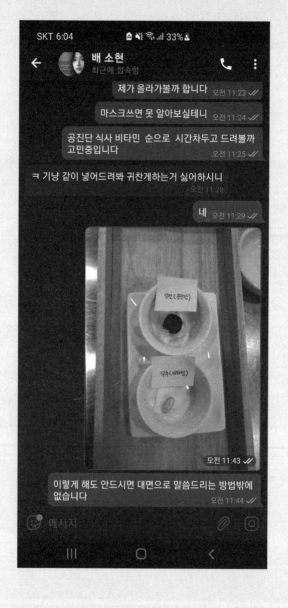

오전 11:43 ✓✓

이렇게 해도 안드시면 대면으로 말씀드리는 방법밖에
없습니다　오전 11:44 ✓✓

메시지

조명현 지사님, 식사 가지고 왔습니다.

이재명 (흠칫 놀라며) 아~ 그래요?

하며 공관 서재에서 식사가 올려진 회의실 테이블로 걸어 나왔다.

이재명 조명현씨, 언제 경기도로 왔어요?

조명현 3월 15일에 입사했습니다

이재명 어느 부서로 왔어요?

조명현 비서실 소속입니다.

이재명 아, 그래요? 자주 보겠네요.

조명현 네 열심히 일 하겠습니다.

이재명 식사 다 하고 이야기할게요.

조명현 네 알겠습니다.

잠깐의 대화였지만, 이재명 지사는 나의 존재와 내가 비서실에서 근무하고 있다는 것, 그리고 주말에 이재명 지사의 식사를 공무원들이 준비하는 것을 인지하고 있었다.

'수라상 의전'을 간추려 말하면 이재명 지사가 주말에 먹을 샌드위치 아침용은 냉장고에 넣어둔다. 그리고 나는 오전 10시 30분 굿모닝하우스에 도착한다. 이재명이 먹을 점심 식사를 올릴 때를 기다린다. 의전팀에서 외부 식당에서 음식을 사오고 데워 그릇에 옮겨 담아 놓으면, 나는 그것을 가지고 이재명이 있는 공관 2층으로 '점심 수라상'을 올리고 내려온다. 점심 식사를 올리고 약 30~40분이 지난 뒤, 다시 2층으로 올라가서 깨끗이 비운 빈 그릇을 가지고 내려온다. 그리고 또 대기한다. 저녁 식사 올릴 때쯤 같은 일을 한 번 더 한다. 이런 일 같지도 않은 일을 위해 천금 같은 나의 주말 하루를 다 써야 했다.

이재명은 언제부터 이런 식사를 했을까? 나중에 배소현에게 '휴일 수라상 의전' 관련 뒷담화를 들은 적이 있다. 배소현이 말하길, 이재명은 '박원순 시장 위력 성폭력 사건' 이후, 여성 직원이 이재명 혼자 있는 공간에 올라오는 걸 꺼려했다. 그러면서 배소현은 한마디 말을 덧붙였다.

"나는 여자 아닌가? 내가 올라갈 때 아무 말도 안 하면서……."

배소현의 이 말로 봐서는, 내가 입사하기 전에는 배소현이 '휴일 수라상 의전', 즉 이재명 끼니 올리는 일을 했던 것 같다. 도대체 이재명 한 사람의 끼니를 위해 경기도 공무원 5~6명이 왜 출근해야 하는지, 이해가 되질 않았다.

이재명은 이 같은 사실을 몰랐을까? 경기도 공무원들이 왜 나왔는지? 주말 특근비조차 받지 못했다! 나 그리고 배소현은 이때 딱 한 번 마음이 맞아서 신세 한탄을 했던 적이 있다.

"아니, 우리가 다른 것도 아니고 토요일 일요일 지사 밥까지 챙겨줘야 하나?"

주말 굿모닝하우스로 출근할 때, 내가 왜 출근하는지 묻는 아내에게 이야기해주었다. 아내는 도무지 이해되지 않는다고 했다. 나는 아내를 설득력 있게 납득시킬 방법이 없었다. 하지만 어쩔 수 없이 굿모닝하우스로 무거운 발걸음을 옮겨야 했다.

12

첫 제보, SBS 보도
그리고 국민권익위원회

　첫 제보, SBS 첫 보도, 녹음 파일 유튜브 공개 등의 사건들이 연이어지면서 나와 아내의 신변보호가 절실해졌다. 그분, B씨도 내 생각만큼 긴급했던 것 같다. B씨에게서 연락이 왔다. SBS 측에서 만나자는 제안이 왔다고 했다. 나의 공익신고를 위해 SBS 측에서 변호사와의 미팅을 주선해주었다고 한다. 꼭 만나야 했다. 수원에서 뵙기로 했다. 나는 B씨와 같이 갔다. SBS 기자와 변호사 한 분이 오셨다.

　변호사님은 공익신고에 대한 법률 검토를 끝낸 상태였다. 나에게 '백모씨와 배소현 등 이재명 지사 측에서 연락 온 내용이 무엇인지' 등 몇 가지 질문을 한 뒤 바로 국민권익위원회에 공익신고를 진행했다. 공익신고자로 지정되어야 경찰로부터 신변보호를 받을 수 있을 것이라 했다. 이미 이재명 측 사람들로부터 문자와 전화를 받은 나로서는 신변보호가 절실했다.

2022년 2월 8일 국민권익위원회 신고자보호과에 대리신고인인 변호사가 접수했다. 국민권익위 신고 후 애타는 기다림의 시간이 계속되었다. 한 달이 지나도록 아무 연락이 없어 초조한 마음만 더해질 무렵 B씨가 나에게 국민권익위원회에서 연락이 왔는지를 물어왔다.

내가 아무런 연락이 없었다고 하자, B씨는 국민권익위원회의 미흡한 조치에 화가 났는지, 국민권익위원회 공식트위터에 "공익제보자A씨의 공익신고자 지정이 되었는가?"라는 질문을 공개적으로 올렸다. 그제서야 국민권익위원회는 나에게 직접 연락하지 않은 채 트위터에 올려진 질문에 공개적인 답변을 달았다.

참 실망스러웠다. 나는 국민권익위원회로부터 절차 진행뿐만 아니라 지정 사실 여부조차 전혀 연락 받은 바가 없었다. '공익신고자로 지정이 되었다'는 사실은 B씨가 보내준 트위터 캡처 사진을 통해 알게 되었을 뿐이었다.

나는 당시 아무것도 알 수가 없었다. 대리신고 했던 변호사님에게 전화를 했다. 국민권익위원회에 공익신고자 지정이 확정

정상적인 상황이라면, '당사자는 공익신고자로 지정되었으며, 당사자가 혹시 오해하고 있는지 한 번 확인해 보겠다' 란 취지의 답변이 나와야 하는데 저렇게 똑같은 말만 계속 반복하고 있으니 의심을 안 할래야 안할 수 없음.

♡ 1   ♺   ♡   ⬆

🄴🄾 국민권익위원회 ✔
@loveacrc   ···

의견 감사합니다. 제보자A씨는 공익신고자로 지정되었으며, 당사자에게 공익신고자 임을 알렸고 보호조치중입니다.

오전 8:08 · 2022. 3. 6. · Twitter for iPhone

♡   ♺   ♡   ⬆

된 것이 사실인지를 물었고, 변호사님은 알아보고 연락주겠다고 한 뒤, 공익신고자로 확정되었다는 말해주었다. 그 일이 있은 후 국민권익위원회에서 전화가 왔고, 나의 보호조치를 위해 경찰에 공문을 발송할 예정이라고 했다.

뉴스에서는 김혜경씨 불법 의전과 법카 유용 관련 제보들이 계속해서 나왔고, 나와 아내는 이틀에 한 번씩 모텔을 옮겨다니는 생활을 계속했다

이재명과 김혜경 측이 2022년 1월 대통령선거에서 김혜경의 카운터 파트너 김건희를 타깃으로 삼아 공격하려던 순간이었다. 앞장에서 언급한 것처럼 김혜경은 한복을 곱게 차려입고 신년인사를 하면서 '후보자 배우자도 무한검증해야 한다'는 인터뷰를 한 터였다.

바로 그 순간 나의 공익 제보가 시작된 것이다. 이재명 후보와 배우자 김혜경 측은 나의 제보로 선거운동에 발목을 잡히고 말았다. 그리고 이때가 이재명 더불어민주당 대통령 후보의 지지율이 박스권에서 벗어나 반등을 노리고 있던 시점이기도 했다. 결국 김혜경은 나의 제보 이후 활발하게 하던 배우자 선거 지원 활동을 모두 접었고 두문불출했다. 나 또한 아내와 함께 숙소를 여기저기 옮겨다니며 은둔 생활을 이어갔다.

SBS에서 첫 보도가 나왔을 때, 모텔에서 어머니와 장모님 두 분에게 처음 전화를 드렸다. 걱정을 심하게 하고 계실 것 같았기 때문이었다. 혹시 내가 있는 곳이 알려질까, 전화도 문자도 하지 못하고 가슴 졸이고 있었으리라. 그 어떤 설명도 하지 못한 채 시작한 일이라 엄청나게 놀랐을 가족들을 생각하면 마음이 아팠다.

녹음 파일을 듣고 내가 겪었던 일을 알게 된 가족들은 밝게 '비서일' 하던 나를 떠올리면 가슴이 무너진다고 했다. 그런 일을 당하면서도 집에서는 웃을 수밖에 없던 나를 생각하니 마음이 먹먹하셨다고 했다. 절대로 아무에게도 알리고 싶지 않은 마음속 비밀이 가족들에게 어쩔 수 없이 드러나게 되었다. 미안함, 서글픔, 서러움이 밑바닥에서부터 올라왔다.

나의 어머니는 내 일을 알게 된 뒤 몸져 누우셨다. 정신적 충격이 굉장히 크셨다. 당장 달려가 어머니 손이라도 꼬옥 잡아드리고 싶었다.

"어머니, 저는 괜찮아요."

따뜻하게 말씀드리고 포근히 안아드리고 싶었다. 그러나 나는 아무것도 할 수도 없었고, 어느 곳도 갈 수 없었다.

*

계속 이어지는 나의 제보, 그리고 그에 따른 보도와 기사에 온 나라가 들썩였다. 더불어민주당 대통령 후보 이재명 측은 쏟아져 나온 제보를 일단 부인했다. 이재명 후보가 직접 이런 말을 했다.

"법인카드는 제 아내가 쓴 게 아닙니다. 사적인 도움을 몇 차례 받은 게 있으니까 그건 잘못된 게 맞죠. 제 불찰이라고 말씀 드리는 것이고요. 개인적인 인연 때문에 좀 도움을 준 걸 가지고 월급이 전부 국고 손실이다. 이게 말이 되는 소리입니까?"

그러다가 증거 자료가 나오면, 알아보겠다거나 잘 모르겠다고 반응했고, 나중에는 제보에 대해 대응 자체를 하지 못했다.
내가 제보하면서 제시한 증거들이 너무 명확해, 부인하면 그에 상응하는 또 다른 증거가 나오는 상황이 반복됐다. 대선 당시 더불어민주당 스피커들은 처음에는 방어를 하다가, 시간이 조금 지나니 나의 진정성에 흠집을 내는 쪽으로 선회했다.

"돈이 목적이다."

"의도가 불순하다."

"왜 대선 시점에서 터트리느냐?"

"누구와 결탁한 스파이 아니냐?"

"왜 한 번에 안 하고 나눠서 제보하느냐?"

더불어민주당 대통령 후보 이재명 측은 본질을 흐리고, 논점을 이탈하려는 데만 집중했다. '돈이 목적이었다'면 내가 제보했을까? 그것도 거대 여당의 대선 후보를 상대로? '왜 대선 시점이냐?' 내 잘못을 인지하기 전까지 나는 이재명 후보, 김혜경을 위해 일하던 사람이었다. 나의 잘못을 인지한 시점이 대선과 맞물렸을 뿐이었다.

또 흔히 말하는 '누구와 결탁한 스파이'라는 '썰'도 기가 찰 뿐이었다. 내가 누구와 결탁해, 이런 일을 하기 위해 10년 전부터 이재명 김혜경과 접촉했다는 말인가? 불순한 목적을 가지고 이재명 경기도지사 비서로 들어갔다는 소설 같은 이야기를 믿을 사람이 과연 있을까? 또 김은혜 캠프에 들어갔었다는 말도 어이가 없었다.

나는 하루를 열심히 사는 우리나라 직장인이고, 가족의 생계를 책임지는 일개 가장일 뿐이다. 다른 사람들처럼 한 가정의 가장으로 가정을 지키고 가족의 행복을 위해 하루하루 열심히 살아가는 평범한 대한민국의 국민일 뿐이다. 내가 제보한 내용들을 반박할 수 없으니, 나를 나쁜 사람으로 만들어서 어떻게든 빠져나가려는 얕은수였다.

나의 공익제보자 지정 과정은 기대보다 많이 실망스러웠다. 하지만 안심이 된 것은 사실이었다. 국가기관의 보호를 받게 되었다는 안도감이었다. 이후 누군가 이 건에 대해 경기남부경찰청에 고발하여, 나는 참고인으로 조사를 받았다. 그리고 국민권익위원회는 경찰에 나에 대한 신변보호를 요청했고, 내가 거주하는 지역 관할 경찰서에서 연락이 왔다.

경찰관 ○○○경찰서 ○○○입니다

조명현 무슨 일이시지요?

경찰관 국민권익위원회에 신청하신 신변보호조치를 위해 연락드렸습니다. 신변보호조치에는 112긴급신변보호등록, 맞춤형순찰, 스마트워치지급, 특정시설신변안전조치가 있습니다.

조명현 그걸 다 해야 되나요?

신변보호 심사결과 통보서(신청자 보관용)

신변보호 신청인	성 명	조 ○ ○(78년, 남)		
	주 소	███████████████		
	연 락 처	███████████████		

신변보호 심사위원회 심사결과	보호여부		보호조치 실시		
	보호 조치	1	112긴급 신변보호등록	기간	'22.2.16~4.15.
		2	맞춤형 순찰	기간	'22.2.16~4.15.
		3	스마트워치 지급	기간	'22.2.16~4.15.
		4	특정시설신변안전조치	기간	'22.2.16~4.15.

권고사항	별지첨부

안내사항	◎ 신변보호기간 중에는 부득이하게 본인의 일상에 제약이 있을 수 있으니 이에 대한 양해 및 협조 부탁드립니다. · 담당 경찰관의 모니터링 및 권장사항에 대하여 적극적인 수용과 협조는 본인의 보호에 도움이 됩니다. · 보호기간 중에는 장기간·장거리 또는 잦은 외출은 자제하실 것을 권장합니다. ◎ 보호기간 중 주소, 연락처 등의 변동될 경우 112시스템에 등록된 정보를 변경해야 하므로 즉시 담당 경찰관에게 통보 바랍니다. ◎ 범죄신고자등이 보복을 당할 우려가 있는 경우 검찰청으로 법정민원 신청하시면 통지(피의자 또는 피고인의 가석방·형집행정지·형기만료나 교정시설 등에서의 출소 사실이나 도주사실 등 재판 및 신병에 관련된 변동 상황 등) 받을 수 있습니다. ※ '특정범죄신고자 등 보호법」제15조(피고인 등과 관련된 주요변동 상황 통지)

담당 경찰관 소속 : 생활안전계 계급·성명 : 경사 ████ 연락처 : ██████████

귀하의 신변보호 신청에 대하여 심사한 결과를 위와 같이 통보합니다.

2022 . 3 . 14 .

광주경찰서장 [직인]

경찰관 다 하셔도 되고, 필요한 부분만 선택하실 수도 있습니다.

조명현 특정 시설이라고 하면 무엇을 말하는 건가요?

경찰관 경비초소가 있는 그런 곳은 아니고, 지정 호텔이나 모텔입니다.

나는 생각해보고 연락한다고 한 뒤 특정시설신변안전조치를 제외한 나머지는 하겠다는 답변을 했다. 특별한 보안시설이 갖춰져 있지 않은 장소에 있는 것은 불안해서 선택하지 않았다.

경찰은 신변보호조치를 위해 경찰서에 방문해달라고 요청했다. 나는 연락받자마자 경찰서로 달려갔다. 그곳에서 나는 다시 한번 신변보호 안내를 받았다. 스마트워치도 지급 받았다.

"○○○경사입니다. 별일 없으십니까?"

매일 나를 신경 써서 걱정하며 연락해주는 담당 경찰관에게 너무 감사했다. 당시 관할경찰서였던 경기광주경찰서 ○○○경사님께 다시 한번 감사 인사를 드리고 싶다. 이렇게 나와 아내의 신변보호를 위해 경찰관의 안부전화를 받고 나니, 내가 처한 상황이 더욱 실감이 나기 시작했다

대통령 선거는 여전히 진행 중이었다. 내가 한 일에 대한 결과가 어떻게 나올지, 그 결과가 나와 내 가족에게 어떠한 후폭풍을 가져올지 알지 못했다. 그래도 내가 알고 있는 이 모든 일들을 알리지 않으면 대한민국의 모든 사람들에게 돌이킬 수 없는 큰 죄를 짓는다는 것은 분명했다.

* *

'내가 왜 이렇게 도망 다녀야 하지?'

모텔을 전전하는 도피 생활 내내 이 질문을 품었고 또 곱씹었다. '불법 의전과 법인카드 유용 그리고 그 잘못을 한 사람이 누구인지 알렸을 뿐, 난 잘못한 게 없는데……'

B씨는 자신의 사비로 아내와 나의 숙소를 계속 잡아주었다. 많이 죄송하고 미안했지만, 지금은 도움을 받을 수밖에 없었다. 그러던 와중에 이재명 변호사비 대납 사건을 제보했던 고故 이병철님을 도와주셨던 변호사님에게서 연락이 왔다.

"당신에게 도움을 주고 싶습니다."

수원역 근처에서 조심스럽게 김 변호사님을 잠깐 뵈었다. 선뜻 나를 돕겠다고 하셨다. 그 변호사님은 나를 만난 뒤 자신의 SNS에 나의 이야기를 써주셨고 후원을 요청해 주셨다. 그리고 B씨도 유튜브 방송에 출연해 나의 이야기를 해주었다. 눈물이 왈칵 쏟아졌다. 유튜브 방송 댓글에 응원의 목소리가 가득했다. 이 도피 생활이 얼마나 이어질지 알 수 없었고, 일도 할 수 없는 상황이었다. 많은 분들이 조금씩 조금씩 후원해주셨다.

1년치 담뱃값을 보내주시고 담배를 끊겠다고 해주셨던 분, 휴대폰 사용이 미숙해서 늦은 밤 ATM기를 찾아서 도움을 주셨던 어르신 분들, 끝까지 지켜주시겠다고 다짐하시던 분들까지……. 일일이 다 고마움을 전하지도 못한 채 받기만 해야 하는 상황이 더 가슴이 미어졌다. 살면서 이렇게 가슴 시리게 고마웠던 적이 있었던가. 잘 버텨야 한다는 생각이 들었다.

욕설과 함께 18원을 보내는 사람들도 많았다. 나에 대한 후원을 더불어민주당과 이재명 지지자들은 '내가 돈을 위해서 제보했다'고 몰아갔다. 돈이 필요했다면 이런 위험을 무릅쓰고 이렇게 아무 것도 못하는 도피생활 해야 하는 선택을 했을까?

화가 많이 났지만, 나를 응원해주시는 다른 분들의 정성에 감사함을 느끼기에도 시간이 부족했다. 다시 한번 도움과 관심을

배신자	**18원**
2022/02/05 13:08	
돈이그렇게좋냐	**1원**
2022/02/14 14:27	
고맙습니다	
2022/02/14 13:40	
음흉한놈	**1원**
2022/02/14 13:38	
똥쳐먹어	**1원**
2022/02/12 17:46	
나도돈이좋아	**1원**
2022/02/12 17:44	

주신 분들께 진심으로 머리 숙여 감사드린다. 기회가 된다면 꼭 일일이 찾아뵙고 인사드리고 싶다.

"너무 감사합니다. 그때의 도움이 당시 저를 견디고 버틸 수 있게 하는 큰 힘이 되었습니다. 감사합니다. 감사합니다."

드디어 대통령 선거날이 밝았다. 나는 개표방송 시작 때부터 엄청난 긴장감에 숨도 쉴 수가 없었다. 밤새도록 엎치락뒤치락하는 득표율에 따라 나의 감정과 온몸의 피도 같이 오르락내리락했다. 이재명 후보가 대통령이 된다면 B씨가 함께 해외로 나가자고 반농담삼아 이야기를 했다. 내 긴장을 풀어주려고 하는 말이었지만, 말을 하는 B씨의 눈빛에는 진실도 있었다. 진짜 한국에서는 살 수 없을 것이다. 해외로 도피하면 어디서 어떻게 살아야 할까?

0.7% 차이. 이재명 후보가 낙선하는 대선만 끝나면, 나는 바로 예전의 나의 생활을 되찾아 다시 돌아갈 수 있을 거라 생각했다. 하지만 현실은 그렇지 않았다. 이재명의 정치 생명도 멈출 것이라 생각했다. 하지만 현실은 그렇지 않았다.

그는 국회의원 보궐선거에 나가 당선되었고, 더불어민주당

당대표 선거에 나가 당대표까지 되었다. 이게 무슨 일인가?

믿어지지 않았다. 법카 유용, 불법 의전 등 온갖 범죄를 저지르고도 국회의원이 되고, 당 대표까지 되는 사태가 벌어졌다. 나는 멀쩡하게 활보하는 이재명 때문에 또다시 은둔 생활을 할 수밖에 없었다. 여전히 경찰의 보호를 받아야만 했고, 일상생활은 꿈도 꾸지 못하고 하루하루를 숨어서 보내야만 했다.

이래서는 안 된다. 이재명은 건재했고, 공익신고를 한 나는 숨어서 눈치를 살펴야 하는 삶을 살아야 했다. 직장은 고사하고 밖에 나가는 일조차 신경을 써야 하는 처지였다.

7장

LEE 지사 부부와
법카의 추억

배 소현
최근에 접속함

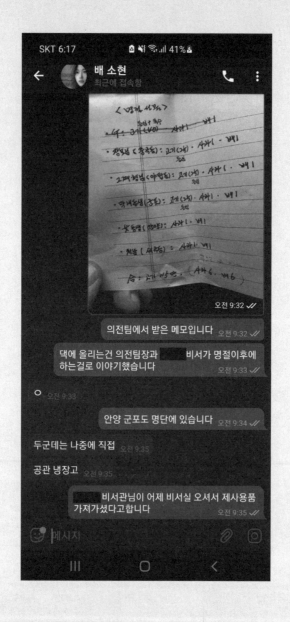

오전 9:32 ✓✓

의전팀에서 받은 메모입니다 오전 9:32 ✓✓

댁에 올리는건 의전팀장과 ███ 비서가 명절이후에 하는걸로 이야기했습니다 오전 9:33 ✓✓

ㅇ 오전 9:33

안양 군포도 명단에 있습니다 오전 9:34 ✓✓

두군데는 나중에 직접 오전 9:35

공관 냉장고 오전 9:35

███ 비서관님이 어제 비서실 오셔서 제사용품 가져가셨다고합니다 오전 9:35 ✓✓

😊 |메시지

13

한번도 긁어보지 못한
신박한 '법카 놀이'

경기도 법인카드 불법 사용에 대한 '부패 행위' 관련해서 이재명 더불어민주당 대표 측에서는 어떤 반박도 못하고 있다. 나의 제보가 사실이 아니라면 어마어마한 명예훼손이고 무고죄가 될 사안이다. 그런데 아무런 이야기를 안 하신다. 왜일까? 경기도 법인카드는 사용 흔적이 고스란히 남기 때문이다. 조사하면 그냥 나온다. 그렇다면 이재명 대표는 적어도 법인카드 불법 사용이라는 부패 행위만이라도 자기 입장을 공식적으로 밝혀야 한다.

대통령 선거 때에 이재명 후보는 "아내가 공무원을 부적절하게 이렇게 쓴 부분에 대해서는 제가 죄송하게 생각한다"고 했다. 그런데 알고 보니, 배우자 김혜경뿐만 아니라 이재명 본인은 그것보다 훨씬 더 '과격하게' 법인카드를 긁었구나, 하는 사실이 밝혀졌다. 그런데도 '가만히 계신다.' 이래도 되는 걸까? 이재명 더불어민주당 대표는 모든 사안에 대해 선별적이다. 자신에게 조금이라도 불리한 부분이 있으면 그냥 입을 다무신다.

"저의 주장에 대해서 이재명 대표 측에서는 별다른 입장을 내놓지 못할 겁니다. 왜 그런지 아십니까? 제가 개인적으로 알기로는 반응 안 나올 것 같습니다. 확실히 불리한 거는 절대 움직이지 않을 것 같구요. 이재명 경기도지사 스타일을 아시겠지만, 조금이라도 자기가 마음에 안 들고 본인이 할 수 있다고 생각하면 할 수 있는 건 다 한다고 생각하거든요. 법적 조치도 하고 고소, 고발도 하는데요. 하지만 제가 여러 건 제보 했을 때도 단 한 건도 저에 대한 고소, 고발을 안 하고 있으니까요. 지금까지도 이재명 대표 측에서 법인카드 논란과 관련해서 입장을 내놓은 것은 거의 없습니다."

이재명 대표는 '모닝 샌드위치 3종 세트', '청담동 일제 샴푸'뿐만 아니라 약, 누룽지, 마스크, 생수, 즉석밥, 핫팩, 주스, 손소독제, 티슈, 봉지라면, 과자, 제사상 차림, 명절 물품, 김혜경 생일선물, 생일 케이크, 개인차 수리비 등 셀 수 없을 만큼 다양한 품목들에, 즉 개인 돈으로 써야 하는 것들에 경기도 세금인 법인카드로 긁으셨다. 참으로 '치졸한' 법인카드 활용이었다. 게다가 첫째 아들 병원 퇴원 소속하고, 본인이 먹는 당뇨약 대리 처방까지 비서실 일꾼인 내가 직접 처리했다. 내가 근무할 때 긁은 경기도 법인카드의 이모저모를 밝혀보겠다.

＊

설날과 추석 등 명절이 다가오면 나와 배소현의 '사모님팀'은 바빠진다. 2021년 9월 17일 추석 직전 총무과 의전팀에서 연락이 왔다. 의전팀장이 나를 찾는다고 했다. 나는 경기도청 구관에 위치한 총무과 의전팀으로 달려갔다.

의전팀에서 쪽지 한 장을 받았다. 거기에는 G(이재명 자택), 장모님, 막내동생, 여동생, 처남 등이 적혀 있다. 그 옆에는 고기(등심), 사과 1박스, 배 1박스 등이 적혀 있다. 총무과 의전팀장은 이재명 경기도지사 비서실과 협의한 결과, 이재명의 수내동 자택과 친지들에게 명절 선물 올리는 일을 기자들이 취재하고 있을 수 있으니, '명절이 끝난 후' 한우와 과일을 올리는 것으로 결정했다고 했다. 나머지 명절 선물은 배소현과 상의하면 된다고 했다.

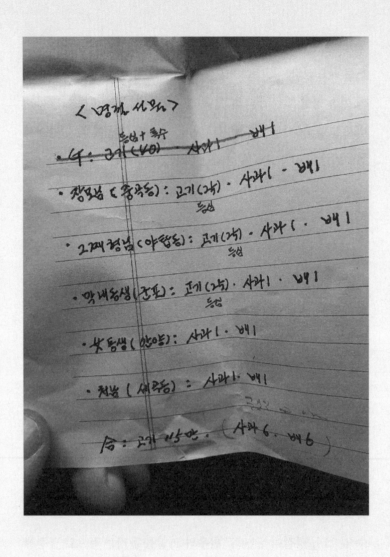

나는 메모 쪽지를 촬영해 배소현에게 텔레그램으로 전송했다. 그리고 총무과 의전팀장 '전달 사항'도 함께 문자 메시지로 보냈다. 배소현은 나에게 소고기, 과일 등의 물품을 언제 받기로 했는지 물었고, 나는 다음 날 아침에 받기로 했다고 덧붙여 보고했다.

다음날 수원의 AK플라자 근처에서 주차하고 기다렸다. 총무과 의전팀 주무관들이 스타렉스 차량에 한우 소고기와 과일을 가득 실은 채 나타났다. 나는 비밀스럽게 한우와 과일을 메모에 적힌 수량대로 체크해 관용차에 실었다. 이럴 경우 늘 배차받던 전기차를 끌고 가면 안 된다. 실을 물건이 많아서 경기도지사 비서실에 배정된 렉스턴 차량을 배차받아 가야 했다. 분당 수내동 이재명 지사 자택으로 옮겨갈 물품이 워낙 많아 트렁크가 크고 넓은 차량이 필요했기 때문이다.

나는 의전팀에게서 건네받은 엄청나게 많은 물품을 싣고 굿모닝하우스로 향했다. 먼저 소고기와 과일을 굿모닝하우스(공관) 주방에 있는 큰 냉장고에 넣었다. 그리고 이 명절 선물은 배소현이 지정해준 날짜에 맞춰 메모에 적힌 사람들의 주소지를 받아 배달했다.

메모에 적힌 사람들은 누구였을까? G는 수내동 이재명 지사

자택이고, 둘째 형님 막내동생 여동생은 친가, 장모님 처남은 김혜경 처가 친지들이었다. 나는 배소현에게 친가, 처가의 상세 주소와 연락처를 텔레그램으로 받은 후 '일일이 직접 배달했다'. 집 앞까지 한우와 과일을 들고 가서 문 앞에 두었다. 그리고 그 장면을 사진 찍어 배소현에게 보고했다. 그야말로 완벽한 택배기사였다.

문 앞에 가져다 두면 배소현은 이재명 김혜경 친인척들과 직접 통화했다. 이 일련의 모든 과정은 물 흐르듯 너무 자연스러웠다. 한두 번 해본 게 아니었다. 명절이면 늘 하는 일인 듯했다. 언제부터였을까? 일사분란한 일 처리로 봐서는 성남시장부터였을 것이다.

'공노비' 수준으로 전락해버린 경기도 7급 공무원 나는 이재명 경기도지사의 제사 음식 준비도 해야 했다. 역시 나와 배소현 '사모님팀'의 몫이었다. 제사 음식은 굿모닝하우스와 수내동 자택으로 가져가는 과일가게에서 모두 준비해주었다. 과일가게에 제사 음식을 준비해달라고 연락하면, 정종(술)을 제외한 모든 음식을 준비해줬다. 깐 밤, 북어포, 대추, 과일 등 제사에 필요한 모든 음식을 과일가게 사장님이 잘 챙겨주셨다. 역시 가게에서도 한두 번 해본 일이 아닌 듯 부드럽게 진행되었다. 모든 제사

SKT 6:16 📵 🔇 📶 .ıll 41% 🔋

배 소현
최근에 접속함

네 고기 배 사과 받고 공관가서 냉장고에 넣을 예정입니다   오전 11:31 ✓✓

> 배 소현
> 2. 서울시 광진구 동일로 ▮▮▮▮

여기가 제일 먼거 같아서 3 2 1순으로   오전 11:32 ✓✓

○ 오후 12:05

오후 12:17 ✓✓

4세트 준비했습니다   오후 12:18 ✓✓

> 배 소현
> 2. 서울시 광진구 동일로 ▮▮▮▮

출발합니다   오후 12:19 ✓✓

메시지

배 소현
최근에 접속함

○ 오전 9:36

제기만 챙겨갓대 오전 9:36

제수용품은 과일가게랑 정종 챙기면되어 오전 9:36

정종 과일가게 두가지만 챙기면 된다는
말씀이시지요?
오전 9:37 ✓✓

○ 오전 9:37

오전 9:39

이렇게 챙겼던거 오전 9:39

돗자리랑 등등 오전 9:39

😊 메시지   📎 📷

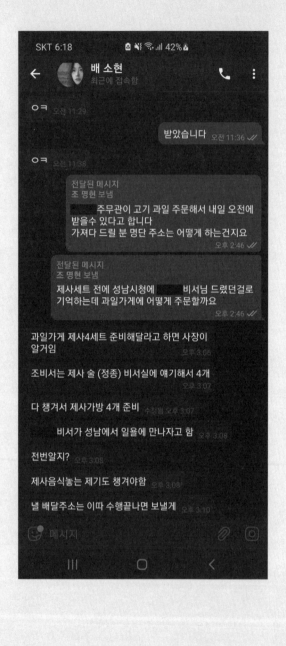

배 소현
최근에 접속함

ㅇㅋ 오전 11:29

받았습니다 오전 11:36 ✓✓

ㅇㅋ 오전 11:38

전달된 메시지
조 명현 보냄

▮▮▮▮ 주무관이 고기 과일 주문해서 내일 오전에
받을수 있다고 합니다
가져다 드릴 분 명단 주소는 어떻게 하는건지요
오후 2:46 ✓✓

전달된 메시지
조 명현 보냄

제사세트 전에 성남시청에 ▮▮▮▮ 비서님 드렸던걸로
기억하는데 과일가게에 어떻게 주문할까요
오후 2:46 ✓✓

과일가게 제사4세트 준비해달라고 하면 사장이
알거임 오후 3:06

조비서는 제사 술 (정종) 비서실에 얘기해서 4개
오후 3:07

다 챙겨서 제사가방 4개 준비 수정됨 오후 3:07

비서가 성남에서 일요일에 만나자고 함 오후 3:08

전번알지? 오후 3:08

제사음식놓는 제기도 챙겨야함 오후 3:08

낼 배달주소는 이따 수행끝나면 보낼게 오후 3:10

메시지

용품이 과일가게에 있지 않았기 때문에, 사장님은 시장 안의 다른 가게에서 필요한 물품을 가져와 준비해주었다. 그리고 영수증은 과일을 산 것처럼 '거짓'으로 꾸며줬고, 결제를 했다.

정종은 법인카드 결제가 불가능해, 내 개인카드로 결제를 한 후 영수증을 비서실 시모 비서에게 가져다줬다. 그러면 시모 비서가 내 계좌로 송금해주었다. 이 비용은 비서실에서 출장비 등을 걷어서 비서실 여분의 돈을 만들어서 쓴다고 배소현에게 들었다.

이렇게 이재명 경기도지사의 지극히 사적인 제사를 '경기도 법카'로 처리했다. 여기서 멈추지 않는다. 한술 더 떠 성묘 때도 마찬가지로 '세금 도둑', '공금 유용' 같은 일이 벌어진다. 성묘 때 쓸 음식 역시 과일가게를 통해 준비했다.

점입가경이다. 경기도청 매점에서 일회용 용기, 과일 깎는 칼, 성묘 때 산소에서 절할 때 바닥에 까는 깔개까지 구매한다. 이것들을 4~5세트 만들어 준비해야 했다. 성묘 세트에는 제사용 용기, 음식, 술 등을 포함해 구성한다. 홈쇼핑 수준이다.

그리고 이 세트를 이재명 경기도지사 비서실 이모 비서에게 직접 전해주었다. 이모 비서는 정진상의 측근이라는 이야기를 들었던 기억이 있다. 나는 이모 비서에게 성묘 세트를 두 번 정

도 직접 가져다주었다. 한 번은 경기도청에서, 다른 한번은 성남
시청 앞에서 만나 전달했다.

※ ※

이재명 지사의 개인 소유 차량 뉴체어맨의 점검 및 수리도 경
기도 세금을 사용했다. 이재명 지사의 개인 소유 차량에 문제가
생기면 차량을 수내동 자택 지하주차장이 아닌 옆 동이나 앞 동
의 지하주차장에 가져다 놓는다. 그러면 내가 직접 차량을 가져
가 정비를 해서 다시 처음 있던 장소에 가져다 놓는 방식이다.

처음 차량 정비를 해야 한다고 들었을 때, 나는 이재명 지사의
차량이 쌍용자동차이므로 '분당 쌍용차 정비소를 가야 하냐?'고
물었다.

이에 배소현은 이재명 경기도지사의 카니발 차량의 운전과
제네시스 차량(이재명 지사 자택 지하주차장에 매일 주차, 김혜경씨
사용)의 관리를 맡았던 최모 주무관(늘공)에게 연락해 보라고
했다.

최모 주무관은 경기도 관용차들을 수리하는 수원의 차량정비
소를 알려주었다. 그곳에서 차량을 수리하고 비용은 관용차 수

리비용으로 처리하는 방식이었다. 내가 직접 수원으로 가서 차량을 점검하고 원래 있던 자리에 갖다 놓았다.

이재명 경기도지사 개인 명의 차, 뉴체어맨은 예능 프로그램에도 등장한 적이 있었다. 그 방송은 이재명 경기도지사 시절의 사생활을 보여주었던 프로그램이었다. 2006년식 차량으로 그당시 300만 원 정도였다. 검소하게 타고 다니던 그 차가 맞다. 현재도 그 차는 재산 신고돼 있고, 이재명 대표의 명의로 되어 있다.

2006년식 뉴체어맨은 낡은 차였다. 고장도 잦았을 것이다. 고장 나면 자기 돈으로 수리하는 게 맞다. 그런데도 왜 쌍용자동차 서비스센터에 가지 않고, 경기도 관용차 수리센터에서 고치라고 했겠는가? 그것은 당연히 관용차인 양 수리하고, 수리 비용을 경기도에서 지급하는 형식으로 한 것이다. 이재명 경기도지사가 생활용품뿐만 아니라 개인차량 수리비까지 세금으로 결제한 것이다.

이재명 경기도지사 수내동 자택에서 쓰는 생활용품들 역시 경기도청 매점에서 구매해서 내가 직접 배달했다. 마스크, 생수, 과자, 탁상시계, 커피믹스, CCTV용 건전지, 현미 누룽지까지 정말 다양했다. 생활용품 중 매점에 있는 품목들은 매점에서 구매하고, 매점에 없는 탁상시계, 민트 초코라테 등은 매점에서 주문

배 소현
최근에 접속함

맞습니다　오전 10:48 ✓✓

115동 지하2층에 주차하셧대요　오전 11:50

차 수리하고 다시 그자리에 주차해달라고 하셧어요
오전 11:53

차는 수내 쌍용차가면되는건지요　오전 11:54 ✓✓

아니요　오전 11:54

카센터 알려드릴게요 수원 공관 앞　오전 11:55

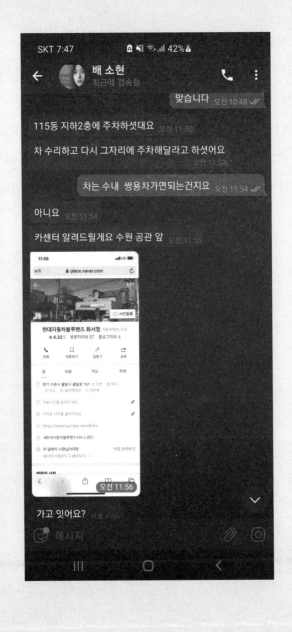

오전 11:56

가고 잇어요?　오후 1:00

메시지

해 가져갔다.

경기도청 매점에서의 결제는 비서실 장부에 '마스크 외 몇 개'라는 식으로 적고 사인했다. 그러면 나중에 비서실 직원들이 법인카드를 가지고 가서 그 비용을 결제했다. 생필품을 구매해 가져다 주는 일은 자주 해야 하는 일이었고, 거기에 볼펜, 클립 같은 자잘한 물품까지 수내동 이재명 지사 자택으로 배달했다.

14

이재명 당뇨약
대리 처방 '꼼수' 작전

경기도 7급 공무원이 했던 업무 중 매우 불편한 일이 또 있었다. 이재명 경기도지사의 첫째 아들 퇴원 수속을 대리한 일이다.

어느 날, 배소현에게서 연락이 왔다. 프로축구팀 성남FC가 있는 탄천종합운동장 주차장으로 오라는 지시다. 나는 약속 시각보다 일찍 도착해 기다리고 있었다. 만나기로 한 시간이 다가오자 배소현은 수내동 이재명 경기도지사 자택에 항상 주차되어 있던 제네시스를 타고 나타났다.

"오늘 아침 일찍 이재명 첫째 아들을 퇴원시키고, 수내동 자택에 데려다주었더니 피곤하다."

← 　　배 소현
　　　　최근에 접속함

나노 尖너심 오후 1:41

네 오후 1:42 ✓✓

도착했습니다 오후 2:33 ✓✓

오후 2:3. ⌄

메시지

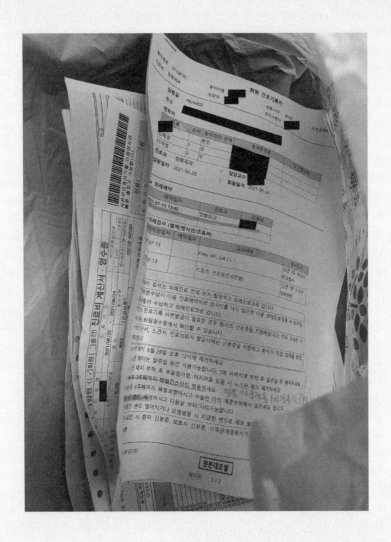

이렇게 말하며 나에게 이재명 지사의 카드를 봉투에 넣어줬다.

"지금 ○○병원으로 가라. 6층 병동 간호사에게서 약을 받고, 원무과로 가서 결제하고 와~"

○○병원에 도착하니 점심시간이었다. 나는 6층 병동으로 가서 간호사를 찾았다. 간호사는 첫째 아들 이○○가 먹을 약, 병실에 놓고 간 노트북 케이블 그리고 무릎보호대를 나에게 건네주었다. 원무과로 가서 배소현이 준 이재명 개인카드로 결제했다. 금액이 꽤 나왔다. 배소현에게 전화해 할부 개월 수를 물었다. 결제 완료 후 배씨에게 '임무 완수' 보고를 했다. 그랬더니 ○○병원에서 받은 약, 노트북 케이블, 무릎보호대, 이재명 개인카드를 수내동 자택 1층 경비실에 맡겨 놓으라 했다.

나는 경기도 쇼핑백에 넣어서 윗부분을 테이프로 밀봉한 후 이재명 경기도지사 자택 호수를 메모지에 써서 쇼핑백에 붙였다. 그리고 배소현이 지시한 대로 수내동 자택 1층 경비실에 맡겼다. 이처럼 '위대한' 일을 처리하고 나니 오후 2시였다. 점심은 이 일을 하느라 굶을 수밖에 없었다.

나는 점심을 포기하고 경기도청으로 갔다. 점심 먹고 가면 그 시간만큼 퇴근 시간이 늦어지기 때문이다. 관용차를 반납하고 대중교통을 이용해 수원에서 경기도 광주에 있는 집에 가야 하는데 2시간 이상 걸리기 때문이다.

애처로운 7급 공무원은 점심 먹는 걸 포기할 때가 많았다. 그날 이재명의 첫째 아들 약 타러 ○○병원에 갔을 때는 유난히 허기졌던 기억이 난다. '배소현에게 할부 개월 수'를 묻는 전화를 걸었을 때, 그녀가 음식 씹는 소리를 내며 내 전화를 받았기 때문에 기억이 선명하다.

이렇게 이재명 경기도지사, 김혜경은 거의 모든 집안 심부름까지 배소현을 통해 나에게 처리하도록 했다. 경기도 7급 나, 조명현은 공무원으로 입사했으나, 서글프게도 집사 역할을 수행하기만 했다. 비서 업무란 무엇인가? 비서란 무엇인가? 나 자신에게 부끄러웠다.

*

2022년 대선 기간 중 불거진 '김혜경 법인카드 유용 의혹' 경찰 수사는 이재명 더불어민주당 대표 앞에서 급정지했다. 멈춰버렸다. 이재명 대표와 법인카드 유용 의혹 사이에 연결고리가 없다고 한 것이다. 나는 이를 이해할 수 없었다.

나는 언론에 경기도 세금이 이재명 대표 개인에게 사적으로 쓰인 것을 이 대표가 모를 리 없다는 증거로 '이재명 약 세트'를 공개했다.

"약 방금 도착했다고 연락 와서 비서실 가는 길입니다."

이재명 경기도지사는 지병으로 당뇨와 어깨 통증을 가지고 있다. 그래서 약을 이재명 지사 동선 여러 곳에 비치해 두고 복용했다. 수내동 자택, 굿모닝하우스 2층 침실과 지하 1층 주방, 이재명 지사 1호차 카니발 차량, 출장용 캐리어에 항상 구비되어 있었고 내가 따로 또 보관했다.

왜 이렇게 하는가? 이유는 단 하나, 이재명 지사의 편의를 위해서다. 이재명 지사는 자신의 건강을 지키는 약조차도 스스로 챙기지 않았다. 그리고 이 약값 또한 자기 돈으로 구입하지 않았다.

특히 당뇨약은 6개월에 한 번 분당서울대병원에 가서 진료를 받고 처방을 받아야 했다. 분당서울대병원은 사람들이 많이 몰리는 대형병원이어서 진료 예약하기가 쉽지 않았다. 게다가 이재명 지사 동선 여러 곳에 약을 나누어서 비치하고 보관하다 보면, 약이 분실되거나 부족한 경우가 생길 수밖에 없었다.

약이 부족해지면 어떻게 했을까? 이재명 지사는 경기도청 의무실에 상주하는 의사를 활용하는 편법을 썼다. 이 '꼼수 매뉴얼'은 이렇다.

1. 분당서울대병원에서 처방받은 처방전을 촬영한다.
2. 분당서울대병원 처방전 사진을 비서실 컴퓨터에 저장한다.
3. 이재명은 비서를 시켜 도청 내 의사에게 똑같은 처방전을 작성하게 한다.
4. 도청 내 의사가 작성한 처방전은 다시 비서실 8급 정모 비서에게 전달된다.
5. 정모 비서는 경기도청이 거래하는 약국에 처방전을 가져다준다.
6. 경기도청 거래 약국에서 약을 제조한 뒤, 정모 비서에게 보낸다.
7. 비서실에서 약을 받은 후, 배소현에게 연락한다.
8. 배소현은 나에게 비서실에서 약을 받으라 지시한다.
9. 나는 약을 받은 후, 잘게 나누어 이재명 지사 동선에 맞춰 비치한다.

배 소현
최근에 접속함

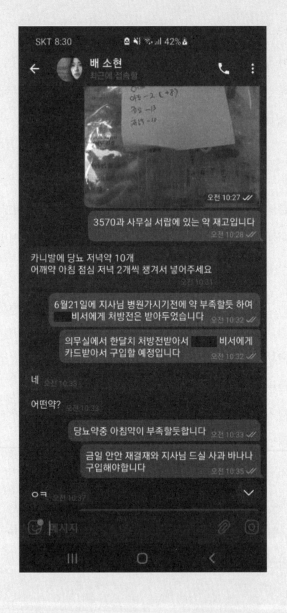

오전 10:27 ✓✓

3570과 사무실 서랍에 있는 약 재고입니다
오전 10:28 ✓✓

카니발에 당뇨 저녁약 10개
어깨약 아침 점심 저녁 2개씩 챙겨서 넣어주세요
오전 10:31

6월21일에 지사님 병원가시기전에 약 부족할듯 하여
█ 비서에게 처방전은 받아두었습니다
오전 10:32 ✓✓

의무실에서 한달치 처방전받아서 █ 비서에게
카드받아서 구입할 예정입니다
오전 10:32 ✓✓

네 오전 10:33

어떤약? 오전 10:33

당뇨약중 아침약이 부족할듯합니다
오전 10:33 ✓✓

금일 안안 재결재와 지사님 드실 사과 바나나
구입해야합니다
오전 10:35 ✓✓

ㅇㅋ 오전 10:37

메시지

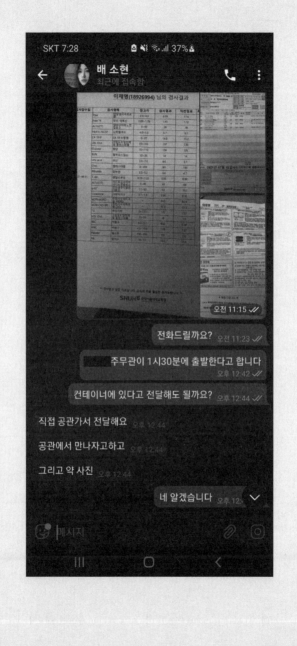

배 소현
최근에 접속함

이재명(18926994) 님의 검사결과

오전 11:15 ✓✓

전화드릴까요? 오전 11:23 ✓✓

주무관이 1시30분에 출발한다고 합니다
오후 12:42 ✓✓

컨테이너에 있다고 전달해도 될까요? 오후 12:44 ✓✓

직접 공관가서 전달해요 오후 12:44

공관에서 만나자고하고 오후 12:44

그리고 약 사진 오후 12:44

네 알겠습니다 오후 12:4

메시지

배 소현
최근에 접속함

? 오전 11:03

약 방금도착햇다고 연락와서 비서실 가는길입니다
오전 11:04 ✓✓

오전 11:09 ✓✓

200일분 왔습니다 60일 60일 60일 20일 이렇게 나눌까요
오전 11:10 ✓✓

10분후 통화 오전 11:10

네 오전 11: ⌄

메시지

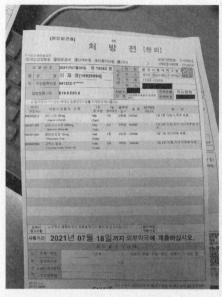

앞 페이지에 있는 '이재명님'이라고 적혀 있는 약은 분당서울 대병원에서 처방받은 약이다. 그리고 나란히 비교해 놓은 처방 전의 경우, 왼쪽은 분당서울대병원에서 받은 것이고, 오른쪽은 그 처방전을 토대로 도청 내 의사가 다시 작성해서 만든 것이다. 자신의 건강을 돌보는 약조차도 공금횡령, 대리 처방, 공무원 사 적 이용이라는 불법을 저질렀다.

여기에 이재명 경기도지사가 먹는 비타민도 마찬가지다. 처 방전 약을 대리 구입한 것처럼 정모 비서가 준비해주었다. 이재 명 지사는 자기 돈으로는 비타민조차 구입하지 않았다. 이런 일 련의 일들이 하루 이틀 벌어진 것이었을까? 매번, 매년 반복되 어 이루어졌기 때문에, 어느 누구 하나 '이러면 안 되는 거 아닌 가?' 하는 의문을 가지거나 불만을 표시하지 않았을 것이다. 나 역시 그랬다.

공적인 것과 사적인 것. 이재명 대표는 오랫동안 공직생활을 했기 때문에 잘 알 것이다. 부패 문제에 대해서 누구보다 투철해 야 한다고, 공사 구분을 잘하라고 줄기차게 이야기를 하시는 분 이다. 그런데 자기 먹을 당뇨약과 비타민을 사는데도 자기 돈으 로 사지 않고 경기도 법인카드를 긁으며 생활했는가? 정말 보고 싶은 게 있다. 이재명 경기도지사 개인카드 사용 내역!

자랑스러운 이재명 경기도지사는 이렇게 말했다.

"제 아내가 법인카드를 썼다는 것도 아니고, 직원들이 법인카드 사용에 절차상 문제들이 있었다는 것인데…… 그렇다 하더라도 제 아내가 어쨌든 공직자를 사적인 일에 이렇게 도움을 받은 건 사실입니다. 그건 잘못이죠. 그러나 마치 제 아내가 법인카드를 쓴 것처럼 그렇게 하는 것은 좀 과하기는 하지만, 그런 논란을 야기한 것조차도 저의 불찰이고 관리 부실이기 때문에 다시 한번 사과드립니다."

이런 사람이 대통령이 될 뻔했다. 이런 자의 배우자가 영부인이 될 뻔했다.

＊ ＊

2022년 1월 28일 첫 제보를 시작으로 도피 생활을 시작하며 제보를 이어갔고, 힘겨운 시간 끝에 2022년 3월 6일 공익신고자 지정을 받았다. 그럼에도 살고 있던 곳에서 거처를 옮길 수밖에 없었다.

두려웠다.

2022년 3월 9일 대선이 끝났다. 급하게 이사할 집을 조심히 다니며 알아보았다. 최대한 안전한 장소를 찾아 헤맨 끝에 4월 22일 내가 생활했던 곳과 전혀 다른 지역으로 이사를 했다.

이사 후 나와 아내는 정신과 가는 일 빼고는 대부분 집에서만 지냈다. 참 짧은 시간 크고 많은 일들이 많았다. 전에 예약해 놓았던 예식장을 취소할 수 없어 2022년 6월경 결혼식도 했다. 그럴 정신은 없었지만 아내와 처가에 예정대로 식을 올리자고 했다.

너무 미안했다. 사실 나와 아내는 결혼식 준비를 진행하면서, 2021년 3월경에 혼인신고를 먼저 했다. 결혼식에 나는 직계가족과 소수의 지인말고는 누구도 초대할 수 없었다. 결혼식마저도 경찰의 도움을 받으며 조심스레 진행했다. 처가와 아내에게 너무나도 큰 빚을 진 거 같아 마음이 편치 않았다. 제일 행복하고 기뻐야 하는 날 어느 누구도 온전히 그러지 못했다. 그래서 나는 죄인이었다. 평생 갚아도 부족할 듯했다. 신혼여행도 가지 못했다. 결혼식 이후에도 아내와 나는 집에만 있어야 했다.

경기남부경찰서에서는 결혼식 이전부터 중요 참고인 조사를 위해 나에게 연락했다. 당시 나는 아무도 믿을 수 없었기에 선뜻 알겠다고 답할 수 없었다. 나에게도 최소한의 안정의 시간이 필요했다. 하지만 계속된 연락에 결혼식 전 경기남부경찰서에 가서 담당 경찰관들을 만나볼 수밖에 없었다.

결혼식이 끝나고 7월경에도 경기남부경찰서에 녹음 파일, 텔레그램 대화 내용을 제출한 뒤, 8월 4일 참고인 조사를 받았다. 조사는 안전한 공간에서 이루어졌다. 아침 일찍 시작해서 해가 질 무렵이 되어서야 끝이 났다. 그 이후 경기남부경찰청으로 직접 출석해 추가 조사도 받았다. 추가 조사도 온종일 걸렸고, 사람들 눈을 피해 조심스럽게 출석했다.

"당시 저희 수사팀에서는 공익제보자 진술뿐만 아니라, 압수수색 또는 통신수사 결과 등을 종합해서 판단했습니다. 저는 이렇게 보고를 받았습니다."

2023년 10월 13일 열린 행정안전부 국감에서 윤희근 경찰청장이 한 말이다. 경기도 법인카드 관련해서 공익제보자 진술뿐만 아니라 압수수색과 통신수사 결과 등을 종합해서 무혐의 판단했다고 한다. 그가 무혐의라고 판단한 대상은 바로 이재명 대표. 경찰청장 말대로라면 대선 직전 온 나라를 뒤흔들었던 법인카드 사건은 5급 공무원 배소현이 이재명 모르게 벌인 일이 된다.

참으로 신박한 논리가 아닐 수 없다. 경기도지사 부인이 공무원을 시켜 초밥과 복어, 소고기 등등을 배달시킨 것도 모자라 이걸 다 경기도 법인카드로 결제했다. 아침 식사나 주말 등 법인카드 사용이 어려웠을 때는 개인카드로 결제했다. 나중에 취소하고 다시 법카로 결제하고 금액이 초과됐을 때는 두 번에 나눠서 결제하는 쪼개기까지 했다.

이를 위해서는 경기도청 공무원들의 전폭적인 협조가 필요할 터인데, 이 모든 것을 경기도지사였던 이재명은 몰랐다니 말이 되는가. 게다가 이재명의 변호사 사무실 시절부터 알고 지냈고 자신이 총무과 5급 공무원으로 임명한 배소현이 본래 임무인 대외협력은 내팽개친 채 김혜경에게만 협력하고 있었지만, 여기에 관해 아무런 의심을 하지 않았단다.

이 모든 걸 이재명이 지시했거나, 최소한 알고도 묵인했다고 생각하는 게 정상이건만, 이재명은 경찰 단계에서 불송치되었다. 그나마 다행인 것은, 김혜경이 공모공동정범으로 검찰에 송치됐다는 사실이다.

내가 공익제보를 함으로써 범죄자가 대통령이 되는 것을 막았다면, 그다음부턴 경찰과 검찰이 알아서 수사해야 하건만 나는 여전히 은둔 생활을 하는 데 반해, 범죄를 저지른 이재명은 국회의원이 되고, 제1야당 대표가 돼서 여전히 떵떵거리며 살고 있으니 기가 막힐 수밖에. 내가 2차 폭로에 나선 이유는 이 때문이었다.

수원지방검찰청에서 연락이 왔다. 경기남부경찰청에서 조사한 내용을 가지고 수원지검에서 참고인 조사 요청을 해온 것이다. 살면서 경찰청과 검찰청을 가볼 일이 생기리라고는 한 번도 상상하지 못했던 나는 모든 것이 생소하고 낯설고 심지어 두려웠다.

참고인 신분, 공익신고자 자격으로 가는 것이었지만, 긴장되는 건 어쩔 수가 없었다. 2022년 9월 6, 7, 8일 수원지검에 조사받으러 갈 때도 경찰청 조사 때처럼 비밀리에 첩보 작전하듯 출석했다. 아침 9시부터 밤 9시까지 꼬박 사흘 동안 조사받았다. 경찰에서 조사한 것보다 더 꼼꼼하게, 검찰에서는 세세한 부분까지 처음부터 일일이 조사를 했고, 그 조사를 받은 후 나는 몸살이 났다.

수원지검 조사 이후 2022년 11월 23일 서울중앙지검에서도 이재명 자금 흐름에 관해 하루 종일 참고인 신분으로 조사를 받았다. 조사를 받기 전부터 조사받으러 간다는 것 자체가 스트레스로 다가왔고, 정신력을 쥐어짜 겨우 조사를 받았다. 나는 조사받을 때마다 매번 며칠 몸살을 앓아야 했다.

* * *

그렇게 시간이 흘러가고 있을 때쯤 이번에는 법원에서 소환장이 날아왔다. 당시 나는 생활고 때문에 야간 택배 일을 하고 있을 때였다. 야간 택배 일을 하던 나는 법원 증언을 위해 출석하는 날 앞뒤로 휴가를 낼 수밖에 없었다. 회사 측에 편의를 봐달라고 해야 하는데, 걱정이었다.

'경찰, 검찰에 이어 법원까지……. 도대체 내 인생이 어쩌다 이렇게 되었을까?'

정신 차리고 보니 손에 소환장이 들려 있었다.

경기도청 5급 공무원 배소현의 공직선거법 위반에 관한 재판에 참고인으로 나오라는 통보였다. 배소현을 다시 마주친다는 생각만 해도, 나도 모르게 숨이 막혔다. 몸에서 거부반응이 왔다. 나는 담당 검사에게 비공개 신문요청을 했다. 다행히도 법원에서는 나의 사정을 참작해주었고, 비공개 재판을 진행해 주기로 했다.

검사실을 통해 법원으로 들어가서, 2023년 3월 2일, 3일 이틀에 걸쳐 아침부터 저녁 시간까지 증언했다. 하루는 검사 측 신문, 하루는 피고 측 변호사 신문을 받았다. 법원 출석 당일, 나에게 도움을 준 김모 변호사가 동행했다. 함께 수원지검을 거쳐 법원으로 갔다.

법원에는 판사 3명, 검사 1명, 피고 측 변호인 3명, 그리고 나와 김모 변호사가 있었다. 배소현은 다른 방에서 이어폰을 통해 내 증언을 듣는다고 했다. 얼굴은 마주치지 않았지만, 바로 옆 가까운 공간에서 내 목소리를 듣는다고 생각하니 소름이 돋았다.

최대한 침착함을 유지하며 첫날 검사의 질문에 답변했다. 첫째 날은 그렇게 지나갔다. 문제는 피고 측 변호사의 반대 심문이 있는 둘째 날이었다. 나에게는 큰 부담이었다. 피고 측 변호사는 나를 어떻게든 자극하려고 했다. 내 진술의 신빙성을 떨어뜨리기 위해 나를 자극하는 질문을 했다.

"갑질 당하며 일하던 당시 왜 문제 제기를 하지 않았습니까?"

나는 참다 참다 피고 측 변호사에게 격앙된 어조로 한마디 내뱉었다.

"변호사님은 갑질을 안 당해보셨죠?"

그리고 판사의 질문에 내가 대답할 때마다 피고 측 변호사가 비웃는 듯한 반응을 보였다. 판사가 나에게 질문을 해왔다.

"김혜경이 사적으로 경기도 관용차를 사용했다고 생각하십니까?"

"네 그렇게 생각합니다."

나의 답변에 피고 측 변호사는 코웃음 쳤다. 보다 못한 판사는 피고 측 변호사에게 경고를 했다.

"변호인! 그런 식으로 반응하지 마세요."

나는 이틀에 걸친 심문에 녹초가 되었다. 같이 와 준 김모 변호사는 나에게 나름 잘했다고 격려해주었다. 잘할 것도 없었다. 나는 있는 '사실 그대로' 이야기한 것뿐이었다.

그러나 법원이라는 장소에 가서 증언을 한다는 것 자체가 엄청난 스트레스였고, 배소현과 문 하나를 두고 같은 공간에 있는 것 역시 곤욕이었다. 나에게 또 하나의 걱정거리는 이번이 마지막 증언이 아닐 거라는 사실이었다. 배임, 횡령 등 아직 시작도 하지 않은 재판이 남아 있는 것이다. 한숨이 절로 나왔다.

앞으로도 법원 출석을 위해 당일 앞뒤로 휴가를 더 낼 수밖에 없었다. 야간 근무인데 퇴근하자마자 아침부터 법원에 출석하는 것은 가능하지 않았고, 증언이 끝나고 나면 출근 시간이 맞지 않았다. 회사 측에서는 탐탁지 않아 하면서도 편의를 봐줬지만, 눈치가 보였다.

하물며 일을 시작한 지 얼마 안 되어 벌어진 일이었다. 쿠팡 측과의 계약은 일주일에 하루 휴무였다. 그 외의 휴무를 더 낼 경우 특수고용직근로자가 대체 근무자를 사비를 내서 구해야 하는 상황이었다.

'나는 언제쯤 일상으로 돌아갈 수 있을까?'
'과연 일상으로 돌아갈 수나 있을까?'

비관적인 생각들이 내 몸을 휘감았다.

* * * *

택배 일은 정말 너무 힘든 일이었다. 택배의 무게를 감당하지 못해 팔 근육, 등 근육이 찢어져 몸까지 다쳤다. 부상으로 더 이상 일하기 힘든 상황까지 다다랐다. 체중도 15kg 가까이 빠졌다. 그래도 얻은 게 참 많았다. 오히려 '세상에 내가 못 할 일이 없다'는 자신감을 얻었다.

이즈음 전후로 김영수 공익신고센터장을 만났다. 그는 B씨와 친분이 있던 C씨의 소개로 2022년 5월경 처음 만났다. 서로 인사를 나누고 소개를 하며 곧 결혼식 앞두고 있는 나에게 결혼식을 잘 치르라는 이야기를 끝으로 짧은 만남을 마치고 헤어졌다.

그 후 2022년 11월 16일 B씨와 함께 나의 직장에 대한 고민을 위해 도움을 구하러 김영수 센터장을 다시 찾아갔다. 김영수 센터장은 "지금은 도와줄 것이 없다"며 다른 일을 찾아보라 하고 나를 돌려보냈다.

2023년 8월 초 여러 가지 답답한 마음에 김영수 센터장을 다시 찾아갔다. 그와 여러 차례 이야기를 나눈 끝에 2차 제보를 다시 시작하기로 결심했다.

'2021년 2022년 2023년 3년의 기간은 나 같은 사람으로서는 도저히 헤어 나올 수 없는 시간이었다. 그 시간, 그 과정에서 모든 것을 합리적이고 이성적으로 판단할 수 있었을까?'

김영수 센터장은 늦지 않았으니 걱정하지 말고, 하나하나 차분히 풀어가면 된다고 했다. 고마웠다.

글을 쓰면서 또 한 분의 고마운 사람이 생각이 나서 감사 인사를 전하고 싶다. 법적인 자문이 필요할 때마다 마다하지 않으시고 늘 선뜻 도움을 주신 '김변'님.

경기남부경찰청에 참고인 조사 때도 동행해 주시고, 수원지검 참고인 조사 때도 자문해주셨으며, 배소현 공직선거법 및 배임에 관한 재판 증인 출석에도 동행 및 배석도 해 주셨다. 그리고 배소현과 경기도를 상대로 한 민사소송도 함께 진행해 주셨다. 이 모든 일에 비용도 받지 않으시고 기꺼이 도와주신 너무도 감사한 분이다.

이렇게 도움이 절실했던 나와 힘든 시간을 함께해 줬던 B씨와 김변님, 그리고 김영수 센터장님과 후원 및 응원 메시지를 보내주셨던 분들이 계셨기에 지금까지 버티며 올 수 있었던 것 같다.

8장

몸은 비틀거리지만,
제 마음은 흔들리지 않습니다

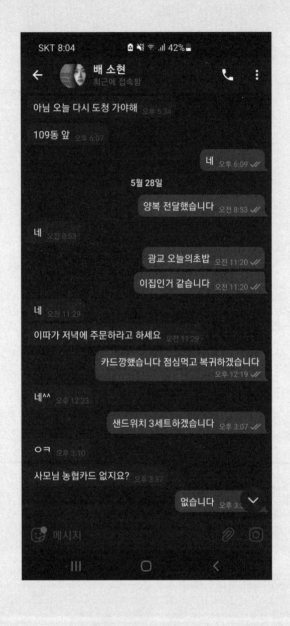

15

혈세를 자기 돈인 것처럼,
공무원을 하인인 것처럼

2023년 8월 2차 제보를 결심한 이후 지금까지 적극적으로 내 앞에 놓인 현실과 맞서고 있다. 나는 2021년의 어설프고 나약하고 피해자라 생각했던 조명현이 아니다. 나는 다시 한번 현명하게 생각하고 당당하고 당차게 나 자신을 적극적으로 드러내는 공익제보자 조명현으로 돌아가기로 마음먹었다.

왜냐하면 나에게는 '사실'이라는 '정직함'이 있기 때문이다. 그리고 '사실'과 '정직'이 바로 '정의'의 토대라고 생각한다.

2021~2023년 8월, 지난 3년의 시간은 참 서툴렀다. 나의 공익제보로 한동안 공익신고자 인정 여부가 사회적 이슈가 되었다. 나는 공익신고가 무엇인지? 어떻게 해야 공익신고자로 인정받고, 보호받을 수 있는지?에 대해 무지했다. 시행착오를 겪으

면서 하나둘 몸으로 마음으로 그리고 머리로 익힐 수 있었다.

*

2023년 8월 나의 2차 제보 이후 여러 미디어에서 인터뷰 요청이 들어왔다. 2022년 대선 때였다면 그렇게 하지 못했을 일이었다. 지금은 다르다. 그때의 내가 아니다. 나는 직접 나서기로 했다. 그리고 인터뷰에도 적극적으로 응했다. 그래도 긴장되는 것은 어쩔 수 없었다. 방송 출연은 처음이었다. 사전 질문지를 받고 답변 내용을 손으로 직접 적어서 첫 인터뷰를 하러 MBN으로 갔다.

뉴스 한 시간 전 녹화를 하는 것이라 시간이 촉박했다. 앵커가 질문지 순서대로 묻는 줄 알았다. 하지만 상황에 따라 질문을 약간 수정하기도 했고, 질문 순서도 인터뷰 흐름에 따라 변경했다. 나는 최대한 침착하려고 했고, 정확한 의미 전달을 위해 꼼꼼하게 준비해온 메모를 들여다보면서 답변했다. 같은 내용이라도 단어에 따라 전혀 다른 의미로 전달될 수 있기에 준비해온 내용 안에서 대답하려고 했다. 한 시간가량의 인터뷰를 마친 후 집으로 돌아왔다.

"왜, 지금 다시 제보를 하기로 하셨나요?"

사람들이 궁금해하는 것 같았다. 인터뷰 때 앵커도 궁금해했다. 나는 지난 2022년 대선 때 '사실'과 '증거'를 가지고 제보했다. 당연하게도 '죄지은 사람들이 죗값을 치르리라'고 생각했다. 그리고 그 모든 일의 배후인 이재명 대표가 책임질 것이라 생각했다. 다만 시간이 걸릴 것이라 여겼다. 하지만 이재명이 국회의원이 되고, 당대표 되는 장면을 보고 두 번째 제보를 결심하게 된 것이다. 여전히 어려움들이 있겠지만, 모든 것이 제자리를 찾아갈 것이고, 또 그렇게 되어야 한다는 게 나와 아내의 생각이었다.

＊ ＊

"나는 개인적으로 기생충이 있다고 생각해. 그렇다고 초밥을 쌓아두지 않을 거 아니야. 안심용 소고기, 전임자가 일주일에 한 번씩 올렸었어."

"잔치를 하시나? 친구들 부르시나? 안 부르시잖아요. 사람들한테 말 나올까 봐."

배 소현
최근에 접속함

ㅇㅋ 오후 5:02

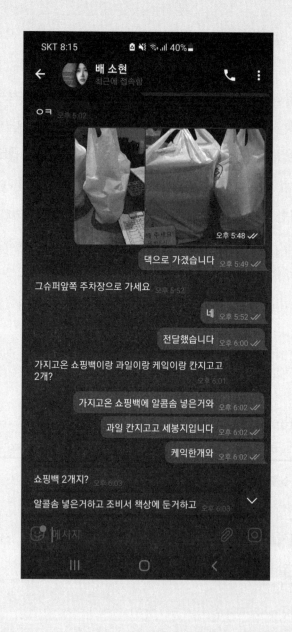

오후 5:48 ✓✓

댁으로 가겠습니다 오후 5:49 ✓✓

그슈퍼앞쪽 주차장으로 가세요 오후 5:52

네 오후 5:52 ✓✓

전달했습니다 오후 6:00 ✓✓

가지고온 쇼핑백이랑 과일이랑 케익이랑 칸지고고
2개? 오후 6:01

가지고온 쇼핑백에 알콤솜 넣은거와 오후 6:02 ✓✓

과일 칸지고고 세봉지입니다 오후 6:02 ✓✓

케익한개와 오후 6:02 ✓✓

쇼핑백 2개지? 오후 6:03

알콜솜 넣은거하고 조비서 책상에 둔거하고 오후 6:03 ⌄

메시지

"응, 나도 미스터리라니까."

그 많은 식사는 누가 다 먹었을까? 이재명 부부의 법인카드는 수년째 풀리지 않고 있는 미스터리다.

나는 2023년 8월 20일 국민권익위원회에 이재명을 부패 행위로 신고했다. '경기도 법인카드 불법유용의 주범은 이재명'이라고 고발한 것이다. 신고 제목은 '공무원의 권한 남용 및 법령 위반 등을 통한 사적 이익도모 행위'였다. 나는 신고서에 이재명 대표를 피신고인으로 적시하며, 경기도청의 법인카드를 불법적으로 이용해 사적 용도로 물품을 구매한 것을 피신고인이 인지하고 있었다고 기술했다.

나는 경기도청 비서실 소속 비서로서 재직 기간 중 총무과 소속 배소현(5급 별정직)의 지시를 받아, 경기도청의 법인카드를 불법적으로 이용하여 이재명의 아침 식사와 과일, 제수용품, 명절 선물 등 사적 용도의 물품을 구매하여 제공했다. 배우자 김혜경에게 같은 방법으로 식사, 과일, 간식(샌드위치 등), 생활용품 등을 가져다주었다. 이재명 경기도지사는 이러한 사실을 명확히 인지하고 있었을 뿐 아니라, 심지어 자신의 배우자가 공무원인 배소현과 나에게 이러한 위법적 지시를 행하고 있음을 알았지만, 경기도지사라는 지위와 권한을 이용해 불법 행위(공금횡령, 공금횡령 교사 및 공무원에게 사적 행위 강요 등)가 은밀하게 이루어지도록 한 행위는 명백한 부패 행위에 해당된다. 길게 썼지만 딱 두 문장이면 충분할 것 같다.

"경기도 공무원을 김혜경씨의 개인 비서처럼 썼다. 그리고 이재명 대표가 경기도 법인카드 유용 의혹을 몰랐을 리 없다."

"이번에는 국민권익위가 신속하고 정확하게 이재명 공금횡령 사건에 대해서 조사하리라고 믿습니다."

2023년 9월 4일 나는 이재명 고발인 자격으로 국민권익위원회에 첫 조사를 받으러 갔다.

고발인 자격으로 국민권익위원회 부패심사과에서 4시간가량 조사를 받았다. 조사받기 전 국민권익위원회에 내가 갖고 있는 증거 자료를 전송하기도 했다. 출석해 조사를 받아보니, 부패심사과에서 내가 보낸 많은 양의 자료들을 깊게 검토한 것 같았다.

경기도 법인카드로 이재명 지사의 자택과 공관에 식자재 등 생활용품을 구입해 공급한 것, 이재명 경기도지사 공관에서 전달하면서 이재명을 직접 대면하고 이야기를 나눈 것, 경기도청 내 법인카드 결제 과정에서 그 어떤 제약도 없이 원활히 이루진 점, 경기도 내부의 결재 라인을 거치는 과정에서 이재명 지사가 알았을 것 등을 진술했다. 덧붙여 나는 국민권익위원회 조사 때 구체적인 내용도 말했다.

"이재명 지사가 몰랐다고 할 수 없는 게 샌드위치의 경우만 해도 매일 샌드위치를 먹으면서, 전혀 몰랐다고 말하는 것 자체가 납득 되지 않고 이해도 가지 않습니다. 샌드위치 빵이 눅눅하다고 지적하거나 아니면 그 안에 내용물인 야채 양을 조절해 달라는 것을 이재명 지사가 직접 지시를 내렸는데, 이거를 몰랐을 리가 없고요. 자신이 매일 아침으로 먹으면서 금전적으로 자기 통장이나 현금이 전혀 빠져나가지 않았는데 한 번도 궁금해하지 않았다는 것, 전혀 상식적으로 납득이 가지 않은 내용이고, 이건 본인이 분명히 알고 있었으니까, 이거에 대해서 궁금해하거나 다시 묻지 않았다고 생각합니다."

이재명 대표가 당시 경기도지사로서 아침에 공관에서 먹는 식사 그리고 또 사택으로 올리는 식사 이런 것들에도 법인카드가 쓰였고, 이걸 본인이 개인카드로 부담했다가 나중에 돈을 돌려받는 등의 행위가 있었다.

이 모든 행위들은 김혜경뿐 아니라 이재명 대표를 위한 것들도 많았다. 주말에도 식사를 올리는 등의 행위를 했고, 이 대표와 그 자리에서 만난 적도 있었기 때문에 이 대표가 이 경위에 대해서 인지를 했을 것이다.

국민권익위원회는 나의 추가 진술과 자료를 검토한 뒤 전원위원회의를 열었다. 최소 140여 일간 지속적으로 경기도 법인카드가 쓰였고, 거의 매일 사적으로 사용했다는 정황이 드러났다. 법인카드 사적 사용이 이뤄진 기간과 지속성 또 비전형적인 사용 행태와 특이성을 비춰볼 때 당시 이재명 지사도 인지했을 개연성이 있다고 판단했다.

여기서 말하는 '지속성'은 법인카드를 그냥 한두 번 쓴 게 아니라, 140일 동안이라는 점을 강조했다고 생각한다. 그리고 샴푸 살 때, 과일 살 때 등에 사용되어 상당히 '비전형적이고 비정상적'이라고 생각한 것 같다. 그리고 '이재명 당시 도지사가 그 사실을 알았을 개연성이 있다'고 판단해 나의 '이재명 부패 행위 신고' 사건을 2023년 10월 12일 대검으로 이첩했던 것이다.

이재명 대표 측은 이 법인카드 유용 의혹에 대해서 "경찰에서 무혐의 난 사건이다.", "이재명 대표는 잘 몰랐고 부하직원 관리를 잘못한 탓이다"는 입장을 고수하고 있다. 내가 이해하기로는 경찰에서 무혐의 처분을 한 게 아니고, 경찰에서는 더 이상 밝히기가 어렵다고 해서 '처분을 안 한 것'으로 알고 있다.

나는 이번 국민권익위원회 부패 행위 고발이 이재명이라는 사람의 진면목을 꼭 밝혀주리라 믿고 있다. 이번만큼은 이재명이라는 사람과 그에 동조했던 공무원들이 자신들의 죄를 인정하고 그에 맞는 책임을 지기를 바라고 있다.

16

국정감사 참고인 출석 불발,
용기를 낸 기자회견

나는 2023년 10월 19일 국회 국정감사에 출석하기로 결심했고 이번에는 더 과감해지기로 했다. 내가 얼굴까지 공개하면서 증언을 결심하게 된 이유는 '사실'과 '정직'을 바탕으로 더 '당당해져야겠다는 마음'이 가장 컸다. 아직 이루지 못한 소망 '내 일상을 되찾고 싶은 간절함'이 '당당함'에서 나온다고 생각했기 때문이다.

나도 나서고 싶지 않았다. 굉장히 부담되었다. 얼굴을 드러내고 나서 맞이할 후폭풍 특히 이재명 극성 지지층들이 어떻게 반응할지도 걱정이 안 된다고 하면 거짓말이었다.

＊

이재명 대표는 세금 도둑이고 범법자다. 그런데 여전히 활동하는 것을 보면서, 뒤에서 말하는 게 아닌, 가장 앞에 나서서 말해야 하는 상황이 됐다고 생각했다. 더는 물러날 곳이 없었다. 또 한 번 파장이 예상되었다. 국회 정무위원회에서 참고인으로 채택이 되었다.

"민주당에서 합의를 해준 건가요?"

국회 정무위원회 전체회의를 통해서 최종적으로 참고인으로 채택되었다고 한다. 나는 정무위 국정감사에서 국민권익위원회 감사에 '공익신고자의 지위 확보와 이에 따른 권익위의 행정 처리 미흡'에 대한 참고인 자격이었다. 나에게 딱 맞았다. 내가 지난 2년 동안 뼈저리게 경험하고 느꼈던 사안이었다.

국회 정무위원장 직인이 찍힌 참고인 출석요구서를 받았다. 2023년 10월 15일이었다. 하지만 그 이후 상당히 희한한 상황이 벌어졌다. 민주당에서 내가 누군지 몰랐다는 것이다. 이재명 경기도지사 법인카드 공익제보자인 줄 인지하지 못하고 참고인으

수신 : 조명현
발신 : 서울시 영등포구 의사당대로1 대한민국국회 정무위원회 정무위원장 백혜련

참고인 출석요구서

조명현님 귀하

국회가 2023년도 국정감사를 실시함에 있어 「국정감사 및 조사에 관한 법률」 제10조 및 「국회에서의 증언·감정 등에 관한 법률」 제5조에 따라 이 요구서를 발부하오니 아래와 같이 참고인으로 출석하여 주시기 바랍니다.

1. 출석일시 : 10월 19일(목) 14:00

2. 출석장소 : 국정감사장(국회정무위원회 회의장(본청 604호))

3. 신문요지 : 권익위 공익신고 관련 권익위의 미흡한 업무처리로
             인해 피해를 호소

2023년 10월 10일
국회정무위원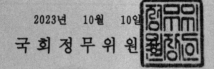

로 의결을 해준 것이다. 민주당이 다 합의해놓고 "그 사람인 줄 몰랐다. 그러니까 취소하자"고 하면 누가 그것을 취소해줄까? 그런 규정이 있는지 모르겠다.

2023년 10월 17일 저녁 국정감사 참고인 출석이 취소되었다는 소식을 들었다. 나는 이미 출석요구서를 받았다. 나오라고 보낸 것 아닌가? 용기를 내서 이재명 부부의 법인카드 부패 행위, 공익제보자의 처지와 현실에 대해 증언하고자 마음먹었는데, 이재명 대표와 더불어민주당의 방해로 가로막힌 것이다. 당당하다면 왜 나를 출석하지 못하게 하겠는가?

이재명의 혐의하고 관련된 사람들은 다섯 명이나 죽음을 맞았고, 이재명과 관련된 사건의 증인들은 재판에서 증언하지 못하도록 계속해서 사법 방해 행위가 일어나고 있다. 이재명은 검찰 수사를 받지 못하겠다면서 단식에 들어가고, 드러누워 자신과 관련된 수사와 재판을 50일 이상 지연시키고……. 이 외에도 현재까지 온갖 사법 방해 행위, 국정감사 방해 행위, 국회 마비를 통해 이재명 한 사람을 위한 일들이 지금 현실에서 일어나고 있다.

"그동안 저는 냉대 혹은 사회적으로 따가운 시선을 많이 받았었는데, 공익신고자에 대한 국가 차원의 관심이 필요합니다. 그 래서 국정감사에 나서게 되었습니다."

나는 국정감사장에 나가 공익신고자의 처지와 현실에 대해 이렇게 말하고 싶었다.

사실, 2022년 국민권익위원회에 기대를 참 많이 했다. 국가기관이고 이름도 국민권익위원회고 해서, 여기 가면 나의 모든 문제가 잘 해결될 것 같았다. 하지만 그 기대만큼이나 실망도 컸다.

내가 2022년에 겪은 국민권익위원회는 실망스러웠다. 미흡한 조치에 서운했고, 긴급구조금의 삭감과 늑장 지급도 아쉬웠다. 나는 불안 증세에 대한 치료비와 신변보호조치 과정에서의 이사 비용 등이 턱없이 부족해 2022년 국민권익위원회에 긴급구조금을 신청했다. 하지만 신청 9개월이 지난 후인 2023년 하반기에야 긴급구조금을 지급받았고, 구조금도 350여만 원이 전부였다. 정말 공익신고자를 보호하기엔 턱없이 모자랐다. 공익신고자보호법에서 정하고 있는 것처럼 이루어지지 않고 있는 게 현실이었다.

"법을 교묘히 회피하거나 다른 여러 방법으로 공익신고자를 괴롭히는 사례가 무수히 많습니다. 이게 공익신고의 현실입니다. 권력은 가깝고 법은 멀리 있습니다. 국민권익위원회도 형식적인 보호조치를 할 뿐, 실질적인 보호조치는 상당히 미흡합니다."

이미 다 지난 일이다. 하지만 아쉬움이 참 많았다.

＊ ＊

나는 국정감사 출석이 무산되고, 기자회견을 했다. 내가 이름과 얼굴을 공개하면서 기자회견을 하니까 '공익신고자를 보호하려면 익명성을 담보해 줘야지, 왜 공익신고자가 얼굴을 드러내고 기자회견을 하는가?'라면서 비판을 쏟아냈다.

이러한 상황을 보면서, 참 '기가 막힌다'는 생각이 들었다. 왜 그런가 하니, 민주당 측에서 그동안 공익신고자를 어떻게 대했는지 돌아보면 다 알 수 있기 때문이다.

민주당 측에서는 이런 말을 할 자격이 없다. 가장 대표적인 케이스가 윤지오씨다. 당시 어떻게 했나? 익명성을 지켜주면서 그를 보호했는가? 국회에 초대하기도 하고, '윤지오와 함께하는 의원 모임'을 만들어 방송 활동, 강연 활동을 엄청 많이 했다. 여기서 끝나는 것도 아니었다. 김어준 등 방송인들은 윤지오를 단골 게스트로 하루가 멀다 하고 섭외해서 방송을 진행했다. 공익신고자 보호라든가 익명성을 유지해줘야 한다는 태도는 하나도 찾아볼 수 없었다.

이뿐만이 아니다. 법무부 장관 아들 사건을 폭로한 당직 사병도 마찬가지다. 해당 사건을 폭로했던 당직 사병 현모씨는 나처럼 국민권익위원회로부터 공익신고자로 인정까지 받았다. 하지만 민주당 측에서 공익신고자 현모씨를 보호해주는 행동을 했었는가? 이때는 진짜 '조리돌림'이라는 게 뭔지를 제대로 보여주지 않았는가.

공익신고자를 거짓말쟁이로 몰아붙였고, 그의 신상을 공개하기까지 했다. 그것도 현직 국회의원 황희가 앞장서 당직 사병의 실명을 언급하면서, "산에서 놀던 철부지의 불장난으로 온 산을 태워 먹었다"라고 공개적으로 비판까지 하지 않았는가.

이 두 사건을 보면 민주당 측에서 공익신고자를 어떻게 대했는지 충분히 알 수 있다. 그런 이들이 이제는 나를 걱정하면서 공익신고자 신변을 보호해줘야 한다는 터무니없는 이야기를 하고 있으니, 기가 막히지 않을 수 없다.

＊ ＊ ＊

2023년 10월 18일에 발표했던 내 마음을 담은 짧은 기자회견
문으로 이 글을 마친다.

안녕하십니까? 저는 공익제보자 A씨란 가명으로 그동안 이
재명 더불어민주당 대표와 그의 부인 김혜경씨의 공금횡령, 법
인카드 유용 등 치졸한 세금횡령 범죄 및 공무원 사적 유용 등을
제보하고 신고했던 조명현이라고 합니다.

제가 지금 이 자리에 선 이유는 내일이면 열릴 국정감사에 참
고인 자격으로 출석 예정되어 있었으나 무산되어 국정감사에서
하지 못한 이야기를 이 자리를 통해서 하려고 마음먹고 나왔습
니다.

죄에 대한 인정과 사과 그리고 그에 따른 책임없이 여전히 굳
건하게 국회의원이 되고 민주당 대표가 되어 활발히 활동 중인
이재명 대표님이시기에 이름과 얼굴을 드러내야 하는 국정감사
참고인 요청은 저에겐 두려운 일이었습니다. 많은 고민 끝에 큰

용기 내어 참석하기로 결정했는데 무산되었다고 그 용기를 다시 접을 수는 없었습니다.

저는 직접 겪지 않고 확실한 증거가 없는 일에 대해서는 할 말도 없고 말하지도 않겠습니다. 제가 겪었고 알고 있는 사실에 근거한 명백한 증거를 가지고, 이재명 대표와 김혜경씨의 부정부패에 대해서만 국정감사에서 말씀드리려 했습니다. 그리고 공익신고를 하고 난 후 오롯이 감내해야 했던 모든 일들과 우리나라 공익신고자들이 겪고 있을 어려움에 대해 용기 내 국민들께 말씀드리고 싶었습니다.

그동안 이재명 대표는 이런 말들을 남겼습니다.

"부정부패를 없애야 한다. 관례와 관행을 끊고 세금이 적재적소에 쓰여 국민들이 골고루 혜택을 받을 수 있도록 일하는 것이 정치인의 일이다."

"서민들에게 돌아갈 혜택이 사라지고 있는 현실에 분노하며 대선 출마 결심을 했다."

"불공정한 사회구조 속에서 끓어 오르는 분노와 울분을 참아가며 하루하루를 견뎌내고 있는 수많은 서민들의 얼굴에서 나는 우리 가족의 얼굴을 본다."

"언제나 옳지 않을 일에 맞닥뜨릴 때마다 스스로 겁 없이 저항했다."

저는 묻고 싶습니다. 이재명 대표님이 이루고자 하는 세상은 도대체 어떤 세상입니까? 국민의 피와 땀이 묻어있는 혈세를 죄책감 없이 자신의 돈인 것처럼 사적으로 유용하고, 절대권력자로서 국민의 세금으로 공무를 수행하게 되어 있는 공무원을 하인처럼 부린 분이 국민의 고충을 헤아리며 어루만져 주고 민생을 생각하는 정치인이라 할 수 있습니까? 어떻게 서민을 위하고 국민을 위한 좋은 세상을 만들어 준다는 약속을 모든 국민 앞에서 당당히 할 수 있으십니까? 그리고 무엇이 두려워 제가 국정감사 참고인으로 나가는 것을 기필코 뒤엎어 무산시키는 것입니까?

이재명 대표를 지지하는 지지자들은 이재명만이 서민의 마음을 헤아리며 구원해줄 사람이라 믿고 있습니다. 너무도 자명한 사실을 보고 듣고도 믿고 싶지 않아 하고 인정하고 싶지 않아 하는 것 같습니다. 또는 이 정도의 일은 '괜찮다', '할 수도 있는 일'이라며 편들기에 급급합니다.

이재명 대표와 김혜경씨가 해온 이 같은 일들은 작은 잘못도 아니고 그럴 수 있는 일도 아닙니다. 명백한 범죄행위이며 절대 있어서도 일어나서도 안 되는 일입니다. 본인이 지지하는 사람이라고 무조건적인 편들기는 하지 말아야 한다고 생각합니다.

전 국민이 이제는 내 편이어도 잘못된 부분은 꾸짖어 바로 잡고, 상대편이어도 잘한 부분에서는 박수 치고 인정해줄 때 비로소 이재명 대표가 말하는 "민주주의 국가의 주권자는 국민이다", "백성을 두려워하고 백성의 뜻이 곧 하늘의 뜻"이라는 말이 성립할 것입니다.

"법은 만인 앞에 평등하다"라고 했습니다. 그 법의 잣대가 누구냐에 따라 달라져서는 안 된다고 생각합니다. "다른 사람의 잘못은?"이라고 되묻는 이야기도 이제 그만했으면 좋겠습니다. 본인의 잘못부터 인정하고 책임을 다해야 하는 것이 올바른 일이라고 생각합니다. 저에게 누가 더 옳고 그르냐고 묻는다면, 저는 제가 직접 겪고 알고 있는 사실 말고는 할 말이 없습니다.

성실히 일하고 성실히 세금을 내어 이재명과 김혜경 그리고 그의 가족 수발을 드는 공무원의 월급과 그들의 배를 채워주며 그 외 개인적인 사용에 값을 지불한 우리 모두는 피해자입니다. 거대 권력에 맞서기에 저 같은 일개 개인은 힘이 없습니다. 이번 기자회견으로 앞으로 제 삶에 어떤 일이 일어날지 감히 예측도 예상도 못 합니다. 저는 여전히 두렵습니다. 보잘것없는 힘이지만 이렇게라도 나서서 올바른 대한민국이 되는 데 조금이나마 힘을 보태보려 이 자리에 섰습니다.

마지막으로 "거짓말보다 바른말이 편하다"는 이재명 대표님께서 이제는 진실을 말해 진정 편해지시기를 바랍니다.

감사합니다.

한번도 경험해보지 못한 법카

지은이   조명현

2023년 11월 10일 초판 1쇄 발행
2023년 12월 12일 초판 3쇄 발행

기획·편집 선완규 김창한

펴낸곳   천년의상상
등록   2012년 2월 14일 제2020-000078호
전화   031-8004-0272
이메일   imagine1000@naver.com
블로그   blog.naver.com/imagine1000

ⓒ 조명현 2023

ISBN   979-11-90413-62-6 03300